Inhaltsverzeichnis

AF557394

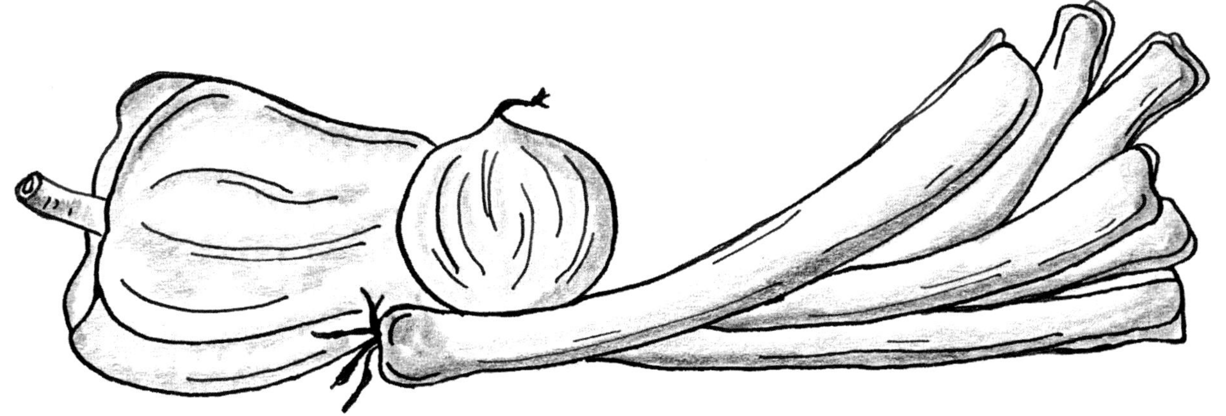

Vorwort

Liebe Kolleg*innen in Kitas, Kindergärten, Heimen, Spiel- und Fördergruppen,

„Ernährung?! Wurden hierüber nicht bereits unzählige Artikel und Bücher geschrieben?“, mögen Sie sagen. Ja, das ist richtig! Jedoch: So alt das Thema Ernährung ist, so neu ist es immer wieder! Die Lebens- und damit auch die Essgewohnheiten haben sich deutlich geändert. War vor einigen Jahren das Fastfood noch sehr beliebt, erfuhr das Ernährungsbewusstsein vieler Menschen einen Wandel: Slowfood hieß die Devise. Kochen wurde wieder „in“, gehörte sogar zum modernen „Lifestyle“.

Auch heute noch ist Kochen sehr beliebt. Doch geht der Trend – vor allem bei jungen Menschen – mehr und mehr zur vegetarischen und veganen Ernährung. So leben derzeit wohl 4% aller Deutschen vegetarisch, 1% ernährt sich vegan (Stand 2025, Quelle: *www.stern.de* vom 17.08.2025), die Tendenz ist steigend.

Als Erzieher*innen tragen wir eine große Verantwortung in Bezug auf Gesundheit und Ernährung für die uns anvertrauten Kinder. Es ist daher das A und O, gut informiert auf dem Laufenden zu bleiben. Mit den Kindern gemeinsam auszuprobieren und zu experimentieren, ihnen Lebensmittel nahezubringen und Gesundheit erlebbar zu machen, gehört zu unseren Aufgaben. Gesundes Essen „schmackhaft“ zu machen, bedeutet nicht automatisch, den Kindern einen Lolly zu verübeln. Es geht vielmehr darum, den Kindern einen gesunden und ausgewogenen Umgang mit Lebensmitteln und ihren Bestandteilen zu vermitteln.

Es mir ein großes Anliegen, das Thema Ernährung in diesem Heft möglichst abwechslungsreich und vielfältig zu gestalten. Die Förderung der Kinder in den wichtigsten Bildungsbereichen, welche soziale, personale und methodische Kompetenzen (wie Kommunikationsfähigkeit, Wertehaltung, Hilfsbereitschaft, Selbstwertgefühl, Ausdauer, Problemlösefähigkeit, Fantasie und Kreativität, Anwenden von Wissen, Erkennen von Sinnzusammenhängen) nach sich ziehen, ist selbstverständlich ein Hauptanliegen. Ebenso soll die Freude der Kinder und der Erwachsenen am aktiven Erleben des Projektes im Vordergrund stehen!

Die vorliegende Praxismappe machen sich die Kinder auf zu Picknickwiesen, erkunden Gemüsebeete und bewundern Getreidefelder. Sie erleben musikalische Kartoffelstraßen, singen ein Loblied auf den Tomatensalat und rappen sich fit. Beeren werden gesammelt, Pizzen belegt und Bohnen gepflanzt. Die Kinder lassen Apfelbäume wachsen und sind Begleiter auf einer Reise durch Teile des menschlichen Körpers. In diesem Sinne wünsche ich Ihnen das Wachsen und Gedeihen aktiven Erlebens und eine Frucht bringende Erarbeitung des Themas Ernährung!

Mit erdbeersüßen Grüßen,
Maggie Jung

Rückmeldung:
Haben Sie Fragen, Anregungen oder Kritik? Nur zu!
Ich freue mich über Ihre Post!
Kontakt: *www.maggie-jung.de*

Hinweis:
Aus Gründen der besseren Lesbarkeit wird im Folgenden auf eine sprachliche Differenzierung der Geschlechterbezeichnungen verzichtet. Da die Erzieher*innen in Kindertagesstätten zumeist weiblich sind, haben wir uns hier für die weibliche Form entschieden. Selbstverständlich sind stets alle Geschlechter angesprochen.

Vorbemerkungen und Arbeitshinweise

Zu den verwendeten Symbolen

Bildungsbereiche (jeweils das äußerste Symbol oben rechts auf den Arbeitsblättern):

 Sprachliche Bildung

 Musikalische Bildung

 Ästhetische Erziehung

 Umwelt-, Sach- und Naturbegegnung

 Gesundheit und Ernährung

 Mathematische Bildung

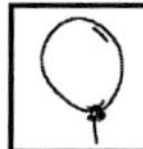 Feste und Feiern

 Wahrnehmung und Entspannung

 Körpererfahrung und Bewegung

 Sozialerfahrungen

Sonstige Symbole:

 geeignet für die Begabtenförderung

 für unter 3-Jährige geeignet

Layout:

- Die Seiten mit dem **Obstkorb** im Layout unten rechts sind für die Erzieherin gedacht.
- Die Seiten mit dem **tanzenden Gemüse** unten rechts sind Arbeitsblätter, die direkt mit den Kindern bearbeitet werden können.

Allgemeine Modellziele (Richtziele) des Projektes „Ernährung“:
Die Kinder erleben, erfahren und lernen ...
- etwas über die Herkunft und Entstehung der wichtigsten Nahrungsmittel,
- etwas über das Anbauen von Früchten, angefangen vom Pflanzen bis zum Ernten,
- viel über unterschiedliche Lebensmittel und deren Besonderheiten,
- etwas über das Zubereiten von Speisen und worauf es bei der Arbeit in der Küche ankommt,
- etwas über das Anbauen von Früchten,
- wie unser Körper die Nahrung verarbeitet,
- dass es gesunde und ungesündere Lebensmittel gibt,
- dass nicht alle Menschen genug zu essen haben,
- wie wichtig es ist, zu helfen und mit anderen zu teilen
- und vieles mehr!

Die Bildungsbereiche und die angestrebten Modell- und Feinziele (auf die konkreten Angebote bezogen) gehen immer einher mit der Förderung von ...
- sozialer Kompetenz: Kommunikationsfähigkeit, Wertehaltung, Hilfsbereitschaft, Kooperationsbereitschaft, Verantwortungsübernahme
- personaler Kompetenz: Selbstwertgefühl, Selbstständigkeit, Problemlösefähigkeit, Motivation und Ausdauer, Emotionalität
- und methodischer Kompetenz: Erkennen von Sinnzusammenhängen, Differenzierung von Wahrnehmungserfahrungen, Anwenden von Wissen, Fantasie und Kreativität

Vorbemerkungen und Arbeitshinweise

Tipps, Anregungen und Sachinformationen zu den einzelnen Angeboten

Zum Umgang mit den Arbeitsblättern:
Diese Projektmappe enthält auch einige Arbeitsblätter, deren Aufgabenstellung Sie mit den Kindern in Kleingruppen besprechen (vorlesen) müssen.
Für die Aufbewahrung der Arbeitsblätter empfehle ich, je nach Gruppensituation und organisatorischen Bedingungen, verschiedene Möglichkeiten:

- Ablagefächer (alternativ unifarben gestaltete Deckel von Kopierpapierkartons): Die Kinder haben so freien Zugriff auf die darin sortierten Arbeitsblätter und können ihre Aufgaben selbst auswählen.
- Jedes Kind verfügt über einen Schnellhefter, in den die Erzieherin regelmäßig nach Alter und Entwicklungsstand ausgewählte Arbeitsblätter (z. B. zwei Arbeitsblätter pro Woche) einheftet oder diese gemeinsam mit dem Kind aussucht. Die Kinder wählen die Zeit zur Bearbeitung entweder frei oder es gibt festgelegte Zeiten, innerhalb derer ein Kind seine Arbeitsblätter bearbeiten kann.
- Die fertiggestellten Arbeitsblätter werden im Schnellhefter oder in einer Sammelmappe/einem Sammelordner abgeheftet bzw. gehören als Anlage zur Bildungsdokumentation oder zum Portfolio.
- Es empfiehlt sich außerdem, einen (mit Geschenkpapier beklebten) Schuhkarton für andere gefertigte Objekte anzulegen.

Zu „Abc-Geschichten", S. 11:
Je nach Alter und „Alphabet-Erfahrung" der Kinder sollten hier Hilfestellungen gegeben werden.

Zu „Memo-Spiel: In der Küche", S. 12:
Hier müssen die Memo-Spiel-Karten zweimal vergrößert kopiert werden. Die Kärtchen können von den Kindern angemalt und anschließend laminiert oder mit Selbstklebefolie versehen werden.

Zu „Aus einem Korn wird Brot", „Ein Bäcker erzählt", „Bildkarten: Aus einem Korn wird Brot", S. 14–16:
Diese Sequenz beinhaltet ca. drei bis vier Angebotsstunden: ein Einführungsgespräch und den Erzähltext „Ein Bäcker erzählt" (S. 15), ggf. eine Exkursion*, einen Gesprächskreis anhand von Bildkarten (S. 16), das Backen einer Brötchenschnecke (S. 43).
* Es gibt Mühlenbäckereien, die noch selbst alle Schritte der Brot-Produktion übernehmen – angefangen von der Ernte bis hin zum Verkauf. Sicherlich lässt sich in Kindergarten-Nähe eine solche Bäckerei ausfindig machen, die bereit ist, eine kleine Führung zu veranstalten. Viele Bäckereien sind auch bereit, für die Kinder eine Back-Aktion durchzuführen. Hier können die jungen Bäcker und Bäckerinnen dann unter Anleitung Teig kneten, Hefeteilchen formen und backen und anschließend probieren.
Tipp: Informationen zum Weizen: siehe unter dem Bildungsbereich „Umwelt-, Sach- und Naturbegegnung" („So sieht unser Getreide aus", S. 35).

Zu „Marmeladenbrot", S. 19:
Je nach Vorerfahrung kann das Lied mit Orffschen Instrumenten oder mit „kostenlosen Materialien" (z. B. Joghurtbecher, Waschmitteltonnen, raschelnde Papierbögen als Instrumente) begleitet werden.

Zu „Obstklatschen", S. 22:
Die Anregungen eignen sich für mehrere zusammenhängende Angebote der musikalischen Früherziehung: Je nach Vorbildung bzw. Auffassungsgabe der Kinder weitet sich zum Beispiel das Vertrautmachen mit den Rhythmen auf mehrere Angebotsstunden aus.

Zu „Singen macht hungrig ...", S. 24:
Was zunächst nur nach Quatsch und Spaß aussieht (in der Tat sollte beim Singen stets die reine Freude im Vordergrund stehen), hat es pädagogisch in sich. Denn diese beiden „Gemischter-Salat-Songs" (bei denen es nicht so sehr darauf ankommen sollte, alles „richtig" zu machen) motivieren selbst schüchterne und sprachlich ungewandte Kinder zum Mitsingen. Gleichzeitig fördern sie die Lippenmotorik und das Sprachvermögen sowie die kognitive Wahrnehmung.

BVK • Maggie Jung: Kita aktiv „Projektmappe Ernährung"

Vorbemerkungen und Arbeitshinweise

Zu „Fit-mach-Rap", S. 25:
Die Kinder sollten vor einer Aufführung „ihren" Text auswendig lernen. Dies geschieht aber meist bereits von selbst, wenn der Rap in der Gruppe gemeinsam mehrmals (rhythmisch) gesprochen wird.

Zu „Maispüppchen", S. 26:
Schön wäre es, im Zusammenhang mit diesem Angebot eine länger angelegte „Exkursions-Reihe" in den Kindergarten-Alltag zu integrieren, bei der man regelmäßig das Wachstum der Maiskolben eines Feldes beobachtet: Hierzu sollte man wissen, dass die Maisblüte von Juli bis September und die Ernte von September bis in den November hinein dauern kann. Vielleicht gibt es ja auch einen netten Bauern, der bereit wäre, die Kindergarten-Gruppe regelmäßig zu begleiten und zum Maisanbau etwas zu erzählen.

Zu „Käse wächst nicht auf Bäumen!", S. 32:
Milchprodukte: Hierzu gehören Milch, Joghurt, Butter, Quark und viele andere Produkte. Milch besteht aus Milcheiweiß, Wasser, Kohlenhydraten, Kalzium, Albumin und Milchfett. Das eigentliche Endprodukt, welches wir verzehren, hängt aber von der Verarbeitung und Behandlung ab, die die Rohmilch durchläuft. Entgegen der weitverbreiteten Annahme enthält die Rohmilch wenig Vitamin D; dieses wird ihr bei der Verarbeitung noch zusätzlich zugesetzt.
Brot: Es gehört zu den Grundnahrungsmitteln und wird aus Getreide, Wasser, Backtriebmittel und weiteren Zutaten hergestellt. In Deutschland gibt es mittlerweile über 300 verschiedene Brotsorten, angefangen vom einfachen Weißbrot bis hin zum aufwändigen Spezialbrot.
Fleisch: Der Großteil des Fleisches, das bei uns verzehrt wird, stammt vom Rind, vom Schwein oder vom Geflügel. Schlachttiere sind heutzutage weitestgehend Produkte gezielter Zucht und Mast.
Obst: Vor über 8 000 Jahren haben Menschen begonnen, Obst zu kultivieren. Im 17. Jh. fand zwischen Europa und Amerika ein bedeutsamer Austausch von Obstsorten statt. Zu den heimischen Früchten zählen vor allem Äpfel, Birnen, Pflaumen, Kirschen, Mirabellen und andere.
Gemüse: Die Arten, die wir heute anbauen, stammen von primitiven Urformen ab, deren Herkunft meist unbekannt ist. Schon 6 000 v. Chr. wurde in der heutigen Türkei Gemüse angebaut. Etwa 3 000 v. Chr. gelangten einige Sorten nach Europa. Besonders beliebt sind bei uns Kartoffeln, Möhren, Bohnen und diverse Kohlsorten.

Zu „Wir pflanzen eine Bohne", S. 33 / „Lasst uns ein Bohnenzelt bauen!", S. 34:
Anstatt das Wachstum von Bohnen zu beobachten und in einem Tagebuch festzuhalten, können natürlich auch Tomaten oder anderes Gemüse ausgesät werden. Bohnen allerdings sind recht unkompliziert und ein sichtbarer Erfolg ist unter normalen Wachstumsbedingungen garantiert, was man bei anderem Gemüse nicht unbedingt behaupten kann. Zudem lässt sich anschließend mit den wachsenden Bohnen das Folgeangebot „Lasst uns ein Bohnenzelt bauen!" (S. 34) durchführen. Es ist jedoch ratsam, Feuerbohnen zu verwenden. Hier handelt es sich um eine gegenüber Bohnenkrankheiten resistente Sorte. Zudem eignen sie sich durch ihre schönen, feuerroten Blüten hervorragend zum Schmücken und Beranken von Zäunen etc. und sind damit bestens geeignet für die Herstellung eines Zeltes.
Die Feuerbohnen sollten Mitte Mai bis Juni in Töpfe mit nährstoffreicher Erde gepflanzt werden (Saattiefe ca. 4 – 5 cm). An einer sonnigen Stelle platziert keimen sie 10 bis 20 Tage. Die Feuerbohne kann bis zu 2,50 m hoch werden. Die Bohnen kann man – je nach Aussaattermin – zwischen Juli und September ernten.

 **Achtung:** Rohe Bohnen sind nicht zum Verzehr geeignet!

Zu „Küchenregeln – die kenne ich!", S. 36:
Bei diesem Angebot geht es um die wichtigsten allgemeinen Küchenregeln. Selbstverständlich können diese individuell abgeändert werden. Wichtig ist, dass sie für die Kinder nachvollziehbar sind und vor der ersten Koch- / Backaktion an Ort und Stelle besprochen werden. So kann man die Kinder zum Beispiel unter Aufsicht (!) einen mittelmäßig (!) erhitzten Topf berühren lassen. Dadurch können sie sich besser vorstellen, dass ein Topf, wenn er länger auf dem Herd gestanden hat, „richtig" heiß ist und man sich ohne Kochhandschuhe (Topflappen) möglicherweise daran verbrennt!

Vorbemerkungen und Arbeitshinweise

Zu „Wir legen ein Hochbeet an und pflanzen Pfefferminze!", S. 38 / „Pfefferminzbeet – Pflege, Ernte & Teezubereitung", S. 39:
Die Englische Pfefferminze stammt aus der Gegend von Mitcham (England). Sie hat eine leicht rötliche Farbe, die Stängel und Blätter sind dunkelgrün. Englische Minze schmeckt besonders kräftig und aromatisch und ist daher beliebt zum Aufgießen eines erfrischenden Tees.

Zu den Rezepten im Bereich „Gesundheit und Ernährung", ab S. 43:
Zu den Rezepten finden Sie auf den Seiten 47 / 48 Bilder mit allen bei den Rezepten verwendeten Zutaten und Haushaltsgeräten sowie Pfeilen, mit deren Hilfe Sie die Rezepte bei Bedarf als großes Plakat gestalten können. Vergrößern Sie dazu die benötigten Zeichnungen auf dem Kopierer. Mit den vorhandenen Bildern können Sie auch Bildrezepte auf einem DIN-A4-Blatt erstellen, für jedes Kind kopieren und in einem Schnellhefter sammeln. So erhalten die Kinder eine eigene Bild-Rezepte-Mappe.

Bitte berücksichtigen Sie bei allen Rezepten unbedingt, ob Kinder in Ihrer Gruppe mit Allergien vorbelastet sind.

Zu „Vegetarisches", S. 46:
Stetig wächst die Zahl der Vegetarier an. Es gibt viele gute Gründe, auf fleischlose Nahrung umzusteigen. Ein Großteil des Getreides, das die Menschen in den armen Ländern anbauen, verwerten sie nicht selbst, sondern geht in die USA und nach Europa als Viehfutter. Ein Umdenken könnte also den Hunger in der Dritten Welt verringern. Daneben spielen gesundheitliche Aspekte (Sojabohnen-Produkte sind cholesterinfrei und vitamin- und mineralstoffreich) und nicht zuletzt umwelttechnische Gründe eine große Rolle. Das von Rindern und anderen Weidetieren ausgestoßene Methangas steht – das weiß man heute – als Klimakiller mit an oberster Stelle. Darüber hinaus stellt sich vielen Verbrauchern die Tierschutzfrage. Der menschliche Körper vermisst bei vegetarischer Ernährung nichts, was prominente Sportler wie Alexander Dargatz beweisen. Jedoch sollte man sich vorher eingehend über vegetarische Kost informieren, um eine abwechslungs- und nährstoffreiche Ernährung sicherzustellen. Etliche Fleischersatzprodukte findet man heute auch bereis in Supermärkten. Viele weitere Informationen finden Sie unter „Medientipps" (S. 8).

Zu „Wenn ich einmal krank bin ...", S. 51:
Es ist selbstverständlich, dass diese kleinen Rezepte nicht notwendige Medizin und schon gar keinen Arzt ersetzen können! Davon einmal abgesehen darf in Tageseinrichtungen sowieso keine Medizin verabreicht werden. In Kinderheimen sieht die Rechtslage diesbezüglich etwas anders aus. Das Wissen, wie man die Gesundung des Körpers bei leichteren Wehwehchen oder bei Unwohlsein mit Nahrung unterstützt, kann den Kindern jedoch durchaus vermittelt werden. Bei einem Elternabend können die Rezepte auch verteilt werden.

Zu „Wie viele Kirschen sind es?", S. 55:
Bei jüngeren Kindern bzw. Kindern, die die Ziffern noch nicht schreiben können, bietet es sich an, die entsprechenden Punkte in die Kästchen malen zu lassen.

BVK • Maggie Jung: Kita aktiv „Projektmappe Ernährung"

Vorbemerkungen und Arbeitshinweise

Zu „Die Zahlen spielen Verstecken", S. 56:
Dieses Angebot beinhaltet drei Aufgaben: Aufgabe 1 für jüngere Kinder, die gerade mit dem Schriftbild der Zahlen vertraut werden; Aufgabe 2 für Kinder, die auf die Schule vorbereitet werden; Aufgabe 3 für mathematisch besonders begabte Kinder.

Zu „Würfelspiel ‚Salatköpfe'", S. 58:
Spielen Dreijährige bei diesem Würfelspiel mit, so erfolgt „Lernen durch Tun": Die Erzieherin unterstützt die Kinder, indem sie die Würfelpunkte laut abzählt und auch die Spielfigur mit dem Kind gemeinsam laut zählend auf dem Spielplan bewegt.

Zu „Heute backen wir eine Pizza – ganz entspannt!", S. 73:
Diese Entspannungsübung kann sowohl von allen gleichzeitig
a) im großen Kreis sitzend (empfiehlt sich bei sehr jungen Kindergartenkindern) oder
b) als Paarübung durchgeführt werden.
Man benötigt einen Raum mit viel Platz und einem sauberen Fußboden. Haben die Kinder noch keine Erfahrung mit ähnlichen Entspannungsübungen, kann die Erzieherin selbst mitmachen. Es gibt vereinzelt Kinder, die solche körpernahen Übungen nicht mögen oder regelrecht Angst vor zu enger Berührung haben. Falls ein Kind trotz Beschreibung des Angebots nicht mitmachen möchte, sollte es keinesfalls von der Gruppe ausgeschlossen werden, sondern zusehen dürfen. Eventuell kann man das Kind auch einbinden, indem es der Erzieherin hilft, den Text vorzugeben („Was kommt als Nächstes? – Die Tomatenscheiben ...!").

Zu „Ein merkwürdiger Baum, oder?", S. 74:
Zu finden sind (von oben nach unten und links nach rechts): zwei Zitronen (hängen einzeln), eine Paprika, ein Eis, Bonbons, eine Banane, Möhren, eine Flasche Milch, ein Kuchen, zwei Lollis, eine Wurst, zwei Eier, ein Kürbis, Trauben.

Zu „Welche Farben haben die Nahrungsmittel?", S. 75:
Lesebegabte Kinder können die Nahrungsmittel direkt anhand der Farbwörter in den Pinseln verbinden. Allen anderen Kindern kennzeichnet die Erzieherin vorher die Pinsel entsprechend farbig.

Zu „Auf die Plätze – hier geht's um die Wurst!", S. 76–77:
Wettkämpfe sind wichtig für Kinder, um eigene Kräfte und Fähigkeiten einschätzen zu können. Wichtig ist, dass man Wettkampfspiele einsetzt, bei denen unterschiedliche Fähigkeiten gefordert werden. So verhindert man, dass immer dieselben Kinder gewinnen. Auch Kinder, die in einem Bereich Schwächen aufzeigen, haben so die Chance, als Sieger hervorzugehen.

Zu „Wir werden gebraucht – Aktionen für ‚zwischendurch'", S. 84:
Kinder geben gern ab und man wundert sich oft, dass sie auch altes Spielzeug gern hergeben, wenn es für einen guten Zweck ist. Empfohlene Internetseiten zu Wohltätigkeitsorganisationen finden Sie unter „Medientipps" (S. 8).

Vorbemerkungen und Arbeitshinweise

Medientipps

Internetseiten:

www.foodwatch.de → bringt Licht in den Nahrungsmittel-Dschungel
www.peta.de → vegetarische / vegane Ernährung vor dem Hintergrund des Tierschutzes
www.petakids.de → Tierschutz und Ernährung speziell für Kinder
www.tafel.de → Ausgleich schaffen zwischen „Lebensmittelüberschuss“ und „Bedürftigkeit“
www.welthungerhilfe.de → Hunger hat viele Ursachen; die Welthungerhilfe eröffnet Chancen
www.forum-fairer-handel.de → die Stimme des fairen Handels – umfangreich und informativ

Auf die Inhalte dieser empfohlenen Internetseiten haben wir keinen Einfluss, weshalb von uns dafür auch keine Gewähr übernommen werden kann. Für die entsprechenden Seiten ist der jeweilige Betreiber verantwortlich. Rechtswidrige Inhalte waren zum Zeitpunkt der Erstellung dieser Kita-aktiv-Ausgabe nicht erkennbar.

Literatur:
Folgende Bücher eignen sich, um die Thematik auszuweiten und das Gelernte zu untermauern:

- **Rübel, Doris:** „Unser Essen“ (Reihe: „Wieso? Weshalb? Warum?“), Ravensburger Buchverlag Otto Maier GmbH, Ravensburg, 2002, gebunden (dicke Kartonseiten), mit Ausklappbildern und Poster, durchgehend farbig illustriert, ISBN 978-3-47333-262-5
- **Carle, Eric:** „Theobald, der Brezelbäcker“, Gerstenberg Verlag, Hildesheim, 2022, gebunden, farbig illustriert, 40 Seiten, ISBN 978-3-8369-6091-5
- **Greger, Michael / Stone, Gene:** „How not to die“ (deutsche Ausgabe), Unimedica Imprint, Narayana Verlag, 2019, gebunden, 512 Seiten, (Thema: gesund essen, gesund leben), ISBN 978-3-946566-12-0
- **Dürr, Julia:** „Wo kommt unser Essen her?“, Beltz & Gelberg Verlag, 2020, gebunden, 40 Seiten, ISBN 978-3-407-75816-3
- **Bone, Emily / Elford, Sally:** „So wächst unser Essen!“, Usborne, 2018, gebunden, 32 Seiten, ISBN 978-1-78232-759-2
- **Wiedemann, Christina:** „Öfter mal vegan! Familienrezepte, die einfach allen schmecken“, Naumann & Göbel Verlagsgesellschaft mbH, Köln, 2021, gebunden, 144 Seiten, ISBN 9783625161301
- **Weninger, Brigitte; Tharlet, Eva:** „Teilen macht Spaß“, Verlag MINEDITION, Richtenberg, 2021, gebunden, farbig illustriert, 32 Seiten, ISBN 978-3-86566-355-9
- **Shaw, Elizabeth:** „Die Schildkröte hat Geburtstag“, Kinderbuchverlag, Berlin / Beltz und Gelberg, Weinheim, 2010, gebunden, 32 Seiten, farbig illustriert, ISBN 978-3-40777-095-0

Musik-CDs:
Zur Untermalung des meditativen Bewegungsangebots (s. S. 78) eignen sich folgende Stücke:

- Edvard Grieg: „Morgenstimmung“
- McCartney, Paul: „Love Duet. Andante intimo“ (aus: „Standing Stone“)“
- McCartney, Paul: „He awoke startled“ (aus: „Standing Stone“)
- Axelalex: „Blue Light Carpet“
- Axelalex: „8 Stairs“

BVK • Maggie Jung: Kita aktiv „Projektmappe Ernährung“

Kopiervorlage „Elternbrief“

Liebe Eltern,

in den nächsten Wochen möchten wir mit allen Naschkatzen und Schleckermäulchen unserer Kita vielfältige Erlebniswelten zum Thema „Ernährung“ kennenlernen. Unser neues Projekt setzt sich eingehend mit der Herkunft und Entstehung unserer Nahrungsmittel, dem Anbauen und Ernten von Früchten, mit dem Zubereiten von Speisen und mit wichtigen Küchenregeln auseinander, mit unserem Körper und wie er die Nahrung verarbeitet, mit gesunden und ungesünderen Lebensmitteln und der richtigen Zahnpflege, mit den Themen „Helfen“ und „Teilen“ und vielem mehr.

Gemeinsam mit Ihnen möchten wir Eltern-Kind-Aktionen sowie die ein oder andere Wohltätigkeitsaktion durchführen und freuen uns schon jetzt auf Ihre tatkräftige Unterstützung! Darüber hinaus haben wir als Projektabschluss vor, ein großes Obst- und Gemüsefest zu veranstalten. Hierzu sollen Eltern und Großeltern eingeladen werden, um sich gemeinsam mit den Kindern an dem Geschaffenen und Gelernten zu erfreuen.
Sollten Sie Fragen zum Projekt „Ernährung“ haben, so scheuen Sie sich nicht, mit uns in Kontakt zu treten.

Es grüßt Sie herzlich
Ihr Kita-Team!

Zungenbrecher (ab 4 Jahren)

Hinweis:
Je nach Alter der Kinder können die Zungenbrecher verkürzt oder in voller Länge eingeübt werden.

Als Annabel abends aß,
aß Annabel abends Ananas.

Die Ananas, die Annabel aß,
aß sie abends, als sie saß.

Gundi gönnt sich gern gesundes
Gartengemüse.
Gönnt Gundi sich gern gesundes
Gartengemüse?

Gesundes Gartengemüse
gönnt sich Gundi gern.

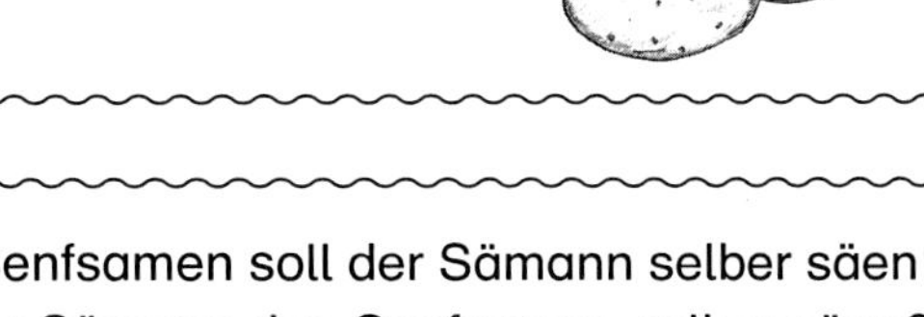

Millie mag Mirabellen,
Möhren, Melonen.

Melonen,
Möhren,
Mirabellen
mag Millie.

Den Senfsamen soll der Sämann selber säen!
Soll der Sämann den Senfsamen selber säen?

Selber säen soll der Sämann den Senfsamen!

Koch Klaus klagt über klebrige Klopse:

„Kleben die Klopse? –

Ja, Klopse kleben!"

Peter probiert pausenlos Pausenbrote.

Pausenbrote probiert Peter pausenlos.

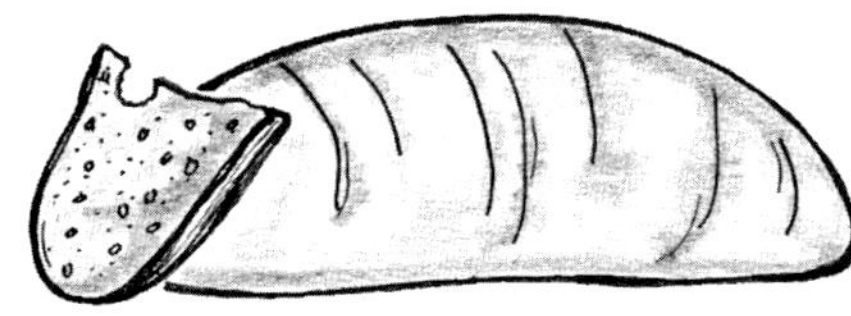

Tausend Tomaten trollen durchs Tor,
Tomaten trollen durchs Tor,
trollen durchs Tor,
durchs Tor,
Tor.

Durchs Tor,
durchs Tor trollen,
durchs Tor trollen keine
durchs Tor trollen keine Tomaten,
durchs Tor trollen keine Tomaten mehr.

BVK • Maggie Jung: Kita aktiv „Projektmappe Ernährung"

Ich heiße Hanna und ich mag gern Honig … (ab 4 Jahren)

Spielanleitung:
Es wird ein Stuhlkreis gebildet, damit alle Kinder sich sehen können. Das erste Kind beginnt mit „Ich heiße *(Hanna)* …“ und fährt mit der Nennung von Lebensmitteln fort, die mit dem Anfangsbuchstaben des eigenen Namens anfangen: „… und ich mag gern *(Honig, Hamburger, Himbeersaft …).“* Das nächste Kind im Kreis fährt fort, nennt seinen Namen …

Kennenlern-Variante:
Diese Variante eignet sich sehr gut als Kennenlernspiel, kann aber selbstverständlich jederzeit eingesetzt werden:
Ein Kind beginnt wie oben beschrieben, nennt aber nur einen Begriff aus dem Lebensmittelbereich.
Das nächste Kind fährt fort: „Neben mir sitzt *(Hanna),* sie mag gern *(Hamburger).* Ich heiße *(Leonie)* und ich mag gern *(Lollis).“* Das dritte Kind macht weiter: „Neben mir sitzt *(Leonie),* sie mag gern (Lollis). Ich heiße …“ usw.

Schwierigere Variante:
Hier geht man vor wie bei der Kennenlern-Variante, jedoch wiederholen die Kinder jeweils alle Namen und Begriffe von den Kindern, die vor ihnen an der Reihe waren. Das dritte Kind würde also sagen: „Das ist *(Hanna),* sie mag gern *(Hamburger),* neben mir sitzt *(Leonie),* sie mag gern *(Lollis).* Ich heiße *(Toni)* und ich mag gern *(Tomaten).“*

Abc-Geschichten (ab 5 Jahren)

Hinweis:
Beim folgenden Sprachspiel kann selbstverständlich eine Buchstabentafel zu Hilfe genommen werden.

Spielregeln:
Die Kinder sitzen im Kreis. Es sollen (Quatsch-)Sätze zum Thema „Essen / Nahrungsmittel“ gebildet werden, deren Wörter möglichst mit dem jeweils nächsten Buchstaben des Alphabets beginnen. Das erste Kind beginnt und sucht ein Wort mit A, das zweite Kind ein Wort mit B usw. Fällt einem Kind (und auch der übrigen Kreisrunde) kein passendes Wort zu einem Buchstaben ein, so darf dieser weggelassen werden.

Zum Beispiel:

Am **B**aum *(c)* **d**öst **e**ine **f**aule **G**artenpflaume **h**ängend **i**m *(j)* **k**ühlen, **l**ustigen **M**ondschein.

Oder:

Nach **O**stern **p**ustet **q**uirliger, **r**asender **S**üdwestwind **t**ausend **u**nreife, **v**ergessene **W**aldbeeren *(x) (y)* **z**um *(und nun wieder im Alphabet vorn beginnen)* **a**lten **B**aumhaus.

Kopiervorlage zu „Memo-Spiel: In der Küche" (ab 3 Jahren)

BVK • Maggie Jung: Kita aktiv „Projektmappe Ernährung"

Ein Lügen-Reim: Bei uns im Garten ist was los! (ab 4 Jahren)

Hinweis:
Lesen Sie den Kindern den Lügen-Reim vor und lassen Sie sie die passenden Reimwörter finden.

Bei uns im Garten ist was los!
Da wachsen Bohnen riesig … **(groß).**
Vater geht und holt den Spaten,
um zu ernten die … (**Tomaten).**
Die sind so dick – auf alle Fälle –
wie auf dem Fußballfeld die … **(Bälle)!**
Von den Kartoffeln, fett und rund,
wiegt jede einzelne schon fünf … **(Pfund)!**
Schaut selbst, dann werdet ihr es glauben:
Preiselbeeren sind dicker als … **(Trauben)!**
Auch mir ist bei dem Anblick nicht wohl:
Höher als der Baum wächst unser … **(Kohl)!**
Es ist in der Tat doch wirklich verhext,
wie hier alles sprießt, wuchert und … **(wächst)!**
Ihr denkt, ich hab euch bloß betrogen
und alles ist von Grund auf … **(erlogen)?**
Legt euch in den Garten und döst unter'm Baum,
vielleicht habt ihr einen ähnlich tollen … **(Traum).**

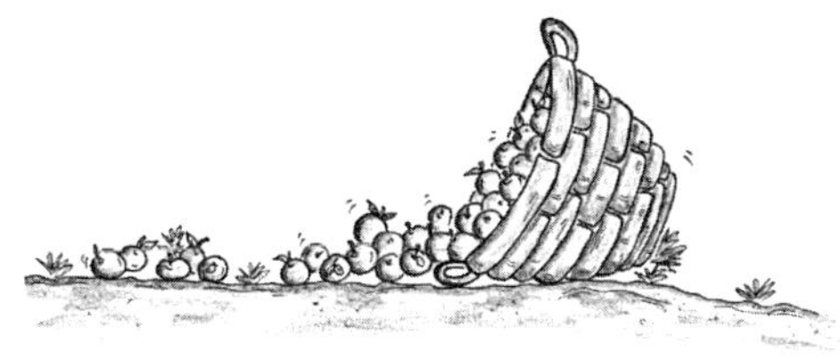

Wir packen unseren Picknick-Korb! (ab 4 Jahren)

Spielanleitung:
Das erste Kind beginnt: „Wir packen unseren Picknick-Korb: Ich lege Brötchen hinein." Das zweite Kind wiederholt und ergänzt: „Wir packen unseren Picknick-Korb: Ich lege Brötchen und Käse hinein." Das nächste Kind wiederholt und ergänzt erneut usw.

Varianten:
- „Wenn meine Gäste zu Besuch kommen, koche ich Kartoffeln." – „Wenn meine Gäste zu Besuch kommen, koche ich Kartoffeln mit Salat." – „Wenn meine Gäste zu Besuch kommen, koche ich Kartoffeln mit Salat und Schnitzel." – usw.

- „In meinem Garten ernte ich Tomaten." – „In meinem Garten ernte ich Tomaten und Gurken." – „In meinem Garten ernte ich Tomaten, Gurken und Zwiebeln." – usw.

Schwierigere Abwandlung für alle Varianten (ab 5 Jahren):
Es werden auch die Namen der jeweiligen Kinder genannt, die die Lebensmittel „eingepackt" haben:
„Wir packen unseren Picknick-Korb: Mara hat Brötchen hineingelegt, ich lege Käse hinein." – „Wir packen unseren Picknick-Korb: Mara hat Brötchen, Stefan Käse hineingelegt, ich lege gekochte Eier hinein." – usw.

BVK • Maggie Jung: Kita aktiv „Projektmappe Ernährung"

Aus einem Korn wird Brot (ab 4 Jahren)

Material:
Geschichte „Ein Bäcker erzählt" (S. 15), Bildkarten „Aus einem Korn wird Brot" (S. 16), evtl. weiße Bäckermütze und Schürze, Getreidekörner

Einführung:
Die Erzieherin führt ein Sachgespräch mit den Kindern „Aus einem Korn wird Brot". Dabei sollen die Kinder zunächst die Möglichkeit haben, selbst ihre Ideen oder ihr Wissen einzubringen, wie aus Körnern wohl Brot wird. Bei diesem Gespräch kann die Erzieherin individuell auf Alter und Vorwissen der Kinder eingehen und den Verlauf mit Impulsen unterstützen, zum Beispiel:
- Aus welchem Korn wird Brot hergestellt? (Weizen, Roggen …)
- Wo wächst das Getreide, wie sieht es aus?
- Kann es direkt so verarbeitet werden, wie es vom Feld kommt?
- Reicht Getreide allein aus, um Brot daraus zu backen?

Nun kann die Erzieherin den Kindern vorlesen, wie der Bäcker den Weg vom Korn zum Brot schildert (s. nachfolgende S.). Eventuell verkleidet sie sich als Bäcker (weiße Bäckermütze und Schürze). In der Kreismitte können auf einem Tuch eine Handvoll Getreidekörner ausgebreitet werden, die vor, während oder nach der Erzählung zur Anschauung im Kreis herumgereicht werden. Die Bildkarten „Aus einem Korn wird Brot" (S. 16) können auch dazu dienen, die Erzählung zu „bebildern".

Hinweis:
Auf Seite 43 findet sich ein Rezept für das Backen einer Brötchenschnecke.

BVK • Maggie Jung: Kita aktiv „Projektmappe Ernährung"

Ein Bäcker erzählt (ab 4 Jahren)

Schaut euch ein solches Korn an – wie klein und zart es ist! Ich will euch erzählen, wie aus diesem kleinen Korn und vielen anderen Körnern ein Brot wird.

Zunächst sät der Bauer das Korn aus. Es bildet Wurzeln unter der Erde. Einige Tage später beginnt das Korn zu keimen und zu wachsen. Ein kleines grünliches Getreidepflänzchen bricht durch die Erde – und wächst und wächst und wächst. Wie ihr sicherlich schon wisst, braucht die Getreidepflanze dazu viel Licht und Wärme von der Sonne und auch Regen.

Schon bald entwickelt sich aus der Pflanze die Ähre. An ihr wachsen neue Körner. Sind die Körner reif, beginnt der Bauer mit der Ernte. Vor sehr langer Zeit war dies eine sehr anstrengende Arbeit. Die Bauern hatten noch keine Maschinen. Heute hat der Bauer für die Ernte einen Mähdrescher. Das ist eine große Maschine, die alle Aufgaben des Erntens übernimmt. Zuerst wird das Getreide auf dem Feld gemäht. In einer großen Trommel werden die reifen Körner aus den Ähren gepellt, auf einen Wagen verladen und zur Mühle gebracht. Dort kommen die Körner auf ein sehr großes Sieb mit feinen Löchern. Hier werden Steinchen, Strohreste oder andere Dinge aussortiert, die im Korn versteckt sind. Würde man das nicht machen, könnte es passieren, dass man diese Dinge später im Mehl oder im Brot wiederfindet. Nun werden die Körner in einer Maschine gemahlen. Dadurch erhält man feines Mehl. Dieses Mehl wird von der Mühle zu mir und vielen anderen Bäckern gebracht. Natürlich reicht Mehl allein nicht aus, um Brot zu backen. Ein paar weitere Zutaten brauche ich schon noch: zum Beispiel Wasser, Salz und Hefe.

Für manche Brotsorten benötige ich auch noch Gewürze und Körner. Die Zutaten mische ich zu einem Teig, den ich anschließend kräftig knete. Meist hilft mir eine große Maschine dabei. Aus dem fertigen Teig forme ich Brote, Brötchen und viele andere kleinere Gebäckstücke.

Dann geht es ab in den Ofen damit. Ich kann euch sagen: das duftet vielleicht, wenn die fertigen Brote aus dem Ofen kommen! Hmm! Lecker! Ab damit zur Bäckerei, damit ihr euch etwas kaufen könnt!

Bildkarten: Aus einem Korn wird Brot (ab 4 Jahren)

Material:
Bildkarten (für jedes Kind vergrößert kopieren), Schere, Buntstifte

Durchführung:
Schneiden Sie die Bildkarten auseinander. Zunächst sollen die Kinder versuchen, die Bildkarten in die richtige Reihenfolge zu legen. Nach einer gemeinsamen Kontrolle („Was kommt zuerst? …“) tragen die Kinder Zahlen oder Würfelpunkte (von 1 – 6) in die kleinen Kästchen auf den Karten ein. Durch Anmalen der Karten verinnerlichen die Kinder die gelernten Inhalte.
Im anschließenden Gesprächskreis dürfen sie nun mit Hilfe ihrer Bildkarten den Weg vom Korn zum Brot mit eigenen Worten wiedergeben.

BVK • Maggie Jung: Kita aktiv „Projektmappe Ernährung“

Fingerspiele (ab 2 Jahren)

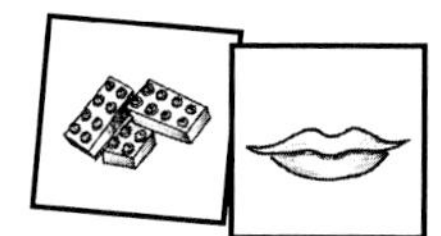

Material:
abwaschbarer Filzstift (non-permanent)

Durchführung:
Auf die einzelnen Fingerkuppen werden kleine Gesichter gemalt. In den Handteller hinein kann sich die Erzieherin ein Schälchen mit einem Löffel malen.
Bei „Das ist Familie Humpelfuß …" dreht die Erzieherin ihre Hand mit dem Hand*rücken* zu den Kindern und wackelt mit den ausgestreckten Fingern. Dann macht sie eine Faust, dreht die Hand*innenseite* zu den Kindern und beginnt mit dem Daumen. Ein Finger nach dem anderen wird hochgestreckt … – und siehe da: Am Ende ist schließlich die (gemalte) Schale mit dem Apfelmus (im Handteller) zu sehen.

Das ist ***Familie Humpelfuß,*** — ***alle Finger ausgestreckt***
die isst so gern Apfelmus.

Der ***Vater*** ist ganz dick und rund, — ***Daumen***
sagt: „Apfelbrei, der ist gesund!"

Die ***Mutter,*** die ist lang und dürr: — ***Zeigefinger***
„Hmm, Apfelmus, da schwärm ich für!"

Der ***Sohn*** ist stark und sehr gescheit, — ***Mittelfinger***
will Apfelmus zu jeder Zeit.

Die ***Tochter,*** die ist zart und schlank, — ***Ringfinger***
doch ohne Mus, da wird sie krank!

Und der ***kleinste Humpelfuß*** — ***kleiner Finger***
schreit: „Jetzt gibt's endlich Apfelmus!"

Variante:
Der ist fleißig und will Körner säen. — ***Daumen***
Der hilft mit und will es dann mähen. — ***Zeigefinger***

Der will es mahlen und verpacken. — ***Mittelfinger***
Der freut sich, will daraus was Leckeres backen. — ***Ringfinger***

Der Kleine aber, der wird sich drum reißen, — ***kleiner Finger***
endlich ins leckere Brot zu beißen.

Quiz (ab 4 Jahren)

Material:
Glocken (oder Ähnliches, das ein Geräusch verursacht), Quizfragen (s. u.)

Spielregeln:
Für dieses Quiz können vorher Spielmannschaften gebildet und feste Spielregeln festgelegt werden:
Jede Gruppe erhält eine Glocke (man kann alternativ alles nehmen, was ein Geräusch verursacht).
Die Erzieherin liest eine Quizfrage vor. Die Gruppe, die zuerst klingelt, darf antworten. Handelt es sich um die richtige Lösung, erhält sie einen Punkt, der auf einer Tafel festgehalten wird. (Alternative: Die Gruppe erhält eine Erdbeere – oder eine andere Frucht – und legt diese in eine dafür vorgesehene Schale).
Ist die Antwort falsch, muss diese Gruppe eine Erdbeere an die Mannschaft abgeben, die die richtige Antwort weiß.

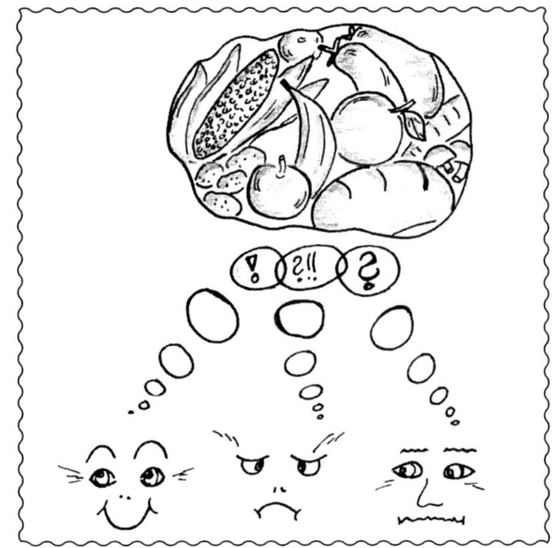

Variante:
Jedes Kind in der Kreisrunde erhält ein Blatt, auf dem es die jeweilige Lösung aufmalen darf.
Wer hat am Schluss am meisten richtig geraten?
Selbstverständlich kann aus den folgenden Fragen auch eine kleinere Auswahl getroffen werden.
Es können auch Kinder Spielleiter sein und sich eigene Fragen ausdenken.

Quizfragen:

1. Welches Obst ist oben schmal und unten dick und rund? **(Birne)**
2. Diese Süßigkeit ist meistens braun und kann in kleine Stückchen aufgeteilt werden. **(Tafel Schokolade)**
3. Welches Getränk ist weiß? Man braucht es auch für das Frühstücksmüsli. **(Milch)**
4. Hühner legen sie. **(Eier)**
5. Sie wächst unter der Erde, ist bräunlich und hat eine Schale. **(Kartoffel)**
6. Was ist rot, wächst bei vielen im Garten und schmeckt süß? **(Erdbeere)**
7. Sie haben eine harte Schale, wachsen bei uns an Hecken oder auf Bäumen. Für gewöhnlich liegen sie auch auf dem Nikolausteller. Man muss sie knacken. **(Nüsse)**
8. Er ist sehr süß, nicht so gesund, ist oft bunt und hat einen Stiel. Man muss ihn lutschen. **(Lolli)**
9. Was ist sehr kalt und wird einfach von jedem geliebt, besonders im Sommer? **(Eis)**
10. Er ist schwer und rund. Im Herbst oder an Halloween kann man aus der Schale Gesichter basteln. **(Kürbis)**
11. Hierbei handelt es sich um kleine, gelbliche Stäbchen. Man isst sie mit Mayonnaise oder Ketchup. **(Pommes frites)**
12. Es sind ganz lange Teigfäden. Meistens gibt es Bolognese-Soße dazu. **(Spaghetti)**
13. Es ist länglich, grün und wird gern als Salat gegessen. **(Gurke)**
14. Dieser Reim lässt sich schnell erraten: Ich ess gern Salat aus reifen … **(Tomaten)**
15. Hier handelt es sich um drei farbige Brüder: Weißkohl, Grünkohl und … **(Rotkohl)**
16. Dieses Obst hat die Natur schon „verpackt". Es ist krumm und gelb. **(Banane)**
17. Wie nennt man den leckeren gesunden Mix, der meist aus Nüssen, getrocknetem Obst und Getreide besteht? **(Müsli)**
18. Übergießt man bestimmte Kräuter – oder einen Beutel, in dem Kräuter sind – mit heißem Wasser, erhält man ein Getränk, das heißt … **(Tee)**
19. Diese Frucht kommt aus Südamerika, hat einen schuppigen Bauch und einen grünen Schopf. Sie ist von innen gelb. **(Ananas)**
20. Es wächst auf dem Feld und hat gelbe Kolben, die aus einzelnen Körnern bestehen. **(Mais)**

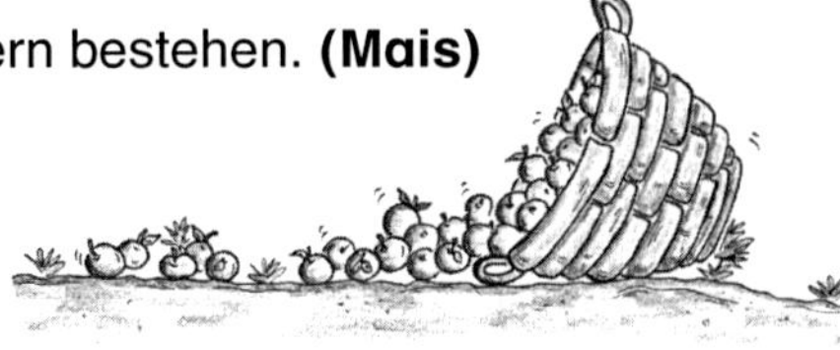

BVK • Maggie Jung: Kita aktiv „Projektmappe Ernährung"

Marmeladenbrot (ab 3 Jahren)

© Text und Melodie: Maggie Jung

Ma-Ma-Ma-Marmeladen-Song;
ich lieb Marmelade all-night-long!
Schmier mir bitte Brot mit Marmelade!
Ohne Marmelade wär es schade!
Kirschen, Erdbeer'n, Pflaumen,
da freut sich mein Gaumen!

Ein Laut geht auf die Reise (ab 5 Jahren)

Durchführung:
Die Kinder stehen so im Kreis, dass ihre Rücken zur Mitte zeigen. So können die Kinder Gesprochenes nicht von den Lippen ablesen, sondern müssen sich auf das Gehörte konzentrieren. Die Erzieherin (Ausgangspunkt) gibt nach rechts einen Laut (eine Lautfolge) weiter, indem sie diesen (diese) leise, deutlich und hörbar spricht. Der „Empfänger" gibt diesen Laut (diese Lautfolge) ebenso nach rechts weiter und so fort.
Varianten für den eigentlichen Verlauf (Schwierigkeitsgrad steigert sich):
Vom Ausgangspunkt gehen auf die Reise ...

1. die Vokale a, e, i, o und u
2. die Umlaute ä, ö, ü
3. die Doppellaute au, eu, ei, ui
4. zwei (drei) aneinandergereihte Vokale, zum Beispiel a-e (-u)
5. zwei (drei) aneinandergereihte Umlaute, zum Beispiel ü-ä (-ö)
6. zwei (drei) aneinandergereihte Doppellaute, zum Beispiel au-ei (-ui)
7. Vokal, Umlaut, Vokal aneinandergereiht, zum Beispiel i-ä-o
8. Vokale mit dazwischengefügten Konsonanten, zum Beispiel aba oder ele
9. Umlaute mit dazwischengefügten Konsonanten, zum Beispiel öfö oder ümü
10. Doppellaute mit dazwischengefügten Konsonanten, zum Beispiel eupeu oder uikui

Hinweis:
Diese Hörübung kann selbstverständlich auch als Kleingruppenübung oder als Einzelübung durchgeführt werden.

Die Kartoffel-Rhythmus-Straße (1) (von 5 bis 6 Jahren)

Hinweis:
Dieses Angebot kann als Vorübung dienen für das nachfolgende Angebot „Obstklatschen" (S. 22 und 23). Es kann aber auch losgelöst davon durchgeführt werden, um Kinder erstmalig mit Rhythmen in Berührung zu bringen. Das Angebot sollte mit einer kleinen Gruppe von ca. fünf Kindern durchgeführt werden.

Material:
Korb mit 2 sehr dicken, 4 mitteldicken, 8 kleinen Kartoffeln (die Kartoffeln der jeweiligen Größen sollten auf jeden Fall gleich dick sein!), kleiner Tisch

Spielanleitung:
Alle sitzen in einem Halbkreis, davor steht ein kleiner Tisch. Die Erzieherin „stellt" den Kindern die Kartoffeln „vor", während sie jeweils eine Kartoffel pro Größe auf den Tisch legt, (die anderen Kartoffeln befinden sich noch im Korb neben dem Tisch): „Das ist Maximilo, der ist ganz groß und dick. Das ist Moni, sie ist mitteldick. Und das ist Mick, der ist klein. Habt ihr gewusst, dass die drei und ihre Freunde hier im Korb Musik machen können? Sie können trommeln, ich zeige es euch einmal ..."

1. Die Kartoffel „Max" (entspricht einer ganzen Note, also 4 Zähleinheiten) liegt nun allein auf dem Tisch.
   „Der dicke Maximilo trommelt so: MAX-I-MI-LO."
   Die Erzieherin spricht laut die Silben MAX-I-MI-LO und klopft sich mit den flachen Händen 1x auf die Oberschenkel ↓ (Zähleinheit 1). Die Zähleinheiten 2–4 verdeutlicht die Erzieherin, indem sie mit den Händen leicht in den luftleeren Raum ↑ über ihren Oberschenkeln „klopft". Das Ganze mehrmals wiederholen!

2. Nun liegt „Moni" (entspricht einer halben Note, also 2 Zähleinheiten) allein auf dem Tisch.
   „Und die mitteldicke Moni trommelt so: MO-NI."
   Die Erzieherin spricht die *beiden* Silben laut und klopft dabei 1x auf die Oberschenkel ↓ (Zähleinheit 1) und 1x in den luftleeren Raum ↑ (Zähleinheit 2). Mehrmals wiederholen.

3. Danach liegt „Mick" (entspricht einer Viertelnote, also 1 Zähleinheit) auf dem Tisch.
   „Der kleine Mick, der trommelt so: MICK."
   Hier spricht die Erzieherin die *eine* Silbe laut und klopft währenddessen 1x auf die Oberschenkel ↓.
   Auch dies wird mehrmals wiederholt.

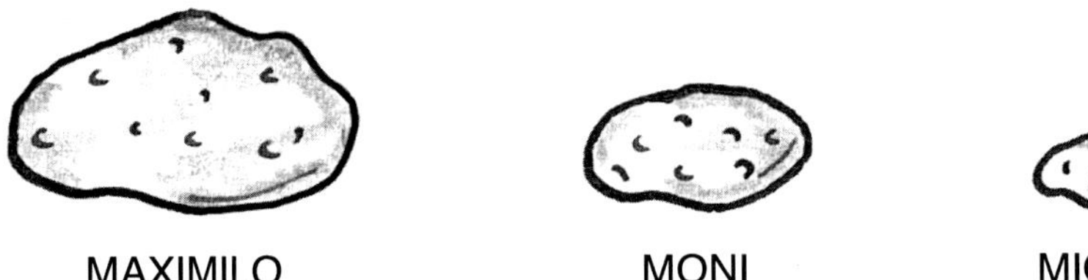

MAXIMILO MONI MICK

Nun sind auch die Kinder an der Reihe:

a) „Maximilo, Moni und Mick sind zu leise. Ihr müsst alle mitmachen!"
   Alle Kinder klopfen jeweils den entsprechenden Rhythmus mit. Dies kann wiederholt werden, bis die Kinder einigermaßen sicher damit zurechtkommen.

b) „Maximilo, Moni und Mick machen auch gern zusammen Musik. Dazu stellen sie sich in eine Reihe ..."
   Die Erzieherin legt nun drei verschieden große Kartoffeln in eine Reihe („Kleine Rhythmusstraße"). Dann werden die Rhythmen – unter Einhaltung der Zähleinheiten – geklopft.

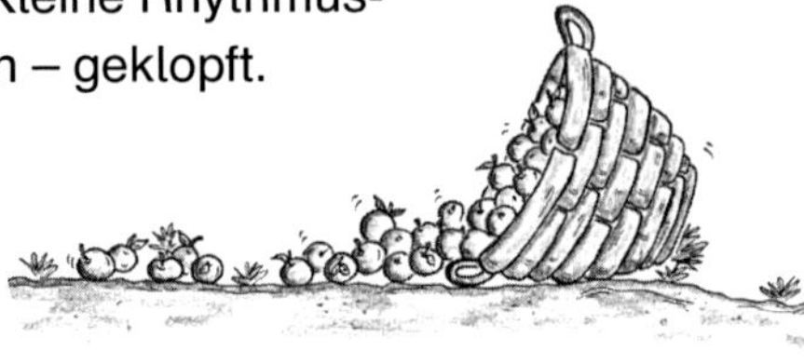

BVK • Maggie Jung: Kita aktiv „Projektmappe Ernährung"

Die Kartoffel-Rhythmus-Straße (2) (von 5 bis 6 Jahren)

c) „Und die Freunde von Maximilo, Moni und Mick machen auch gern mit! Schaut her!"
Die Erzieherin „komponiert" mit mehreren Kartoffeln verschiedener Größe eine Rhythmusstraße („Große Rhythmusstraße"), die dann mittels Schenkelklopfen musikalisch umgesetzt wird.
Das kann zum Beispiel so aussehen:

1 – 2 1 1 1 – 2 – 3 – 4 1 1 1 1 1 – 2

  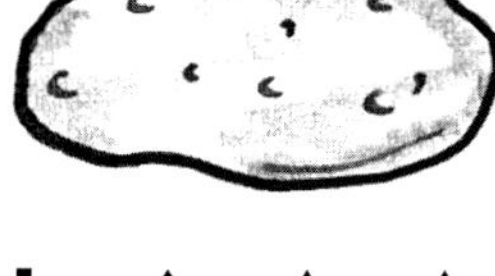  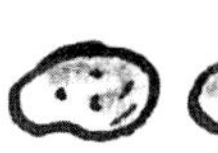 

Folgende Tabelle gibt eine Übersicht:

Kartoffel:	entspricht:	Zähleinheiten:	Umsetzung:
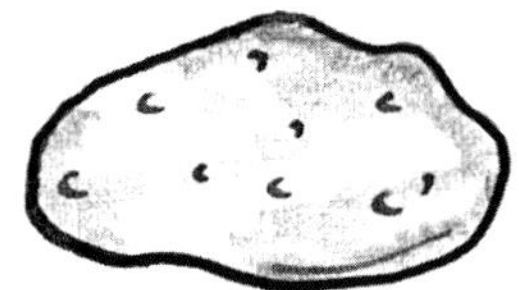		4	
		2	
		1	

Obstklatschen (von 5 bis 6 Jahren)

Material:
Kopiervorlage für die Rhythmuskarten (S. 23), Laminierfolie und 5 Bildaufhänger (zur Herstellung der Rhythmuskarten), Pinnwand, Stecknadeln, evtl. Trommeln (nicht unbedingt erforderlich)

Vorbereitung:
Kopieren Sie die Rhythmuskarten vierfach vergrößert und schneiden Sie sie aus. Anschließend können Sie die Karten laminieren und an den Rückseiten mit Bildaufhängern versehen.

Musikpädagogische Anregung für mehrere zusammenhängende Angebotsstunden:

1. Die Kinder werden mit den fünf verschiedenen Rhythmen vertraut gemacht (S. 23):
   Dazu wählt die Erzieherin eine Rhythmuskarte aus (z. B. die mit dem „Zuckermais").
   Sie hängt die Karte gut sichtbar an der Pinnwand auf.
   Dann klatscht (oder trommelt) die Erzieherin den entsprechenden Rhythmus vor.
   Dabei spricht sie das dem Rhythmus zugeordnete Nomen („Zu-cker-mais") laut mit.
   Die Kinder klatschen (trommeln) den Rhythmus nach und sprechen auch das Nomen mit.

2. Sind die Kinder sicher im Klatschen (oder Trommeln) der Rhythmen, dürfen sie sich reihum eine Obstsorte ausdenken und diese klatschen (oder trommeln).
   Alle anderen Kinder nehmen jeweils den Rhythmus auf.

Hinweis:
Die Gruppe für dieses musikpädagogische Angebot darf nicht zu groß sein. Sie sollte bestenfalls nur aus sechs Kindern bestehen. Es muss auf die korrekte Einhaltung der Zähleinheiten geachtet werden (s. „Die Kartoffel-Rhythmus-Straße" auf S. 21).
Beim Ausdenken einer Obstsorte (Aufgabe 2) kann die Erzieherin bei der korrekten Wiedergabe des Rhythmus behilflich sein.

Erweiterung für Fortgeschrittene:
Die Rhythmuskarten werden auf den Boden gelegt, umgedreht und gemischt. Der Reihe nach zieht jedes Kind eine Karte und legt sie vor sich. Die Erzieherin gibt den Grund-Rhythmus vor (klatscht oder trommelt Viertelnoten) und behält diesen die ganze Zeit bei. Nun setzt das erste Kind mit seinem Rhythmus ein, dann kommt das zweite dazu, das dritte usw. So entsteht eine bunte Komposition der unterschiedlichen Rhythmen, die noch interessanter wird, wenn verschiedene „Schlaginstrumente" verwendet werden (z. B. Blechdosen, Joghurtbecher, Kochlöffel ...).

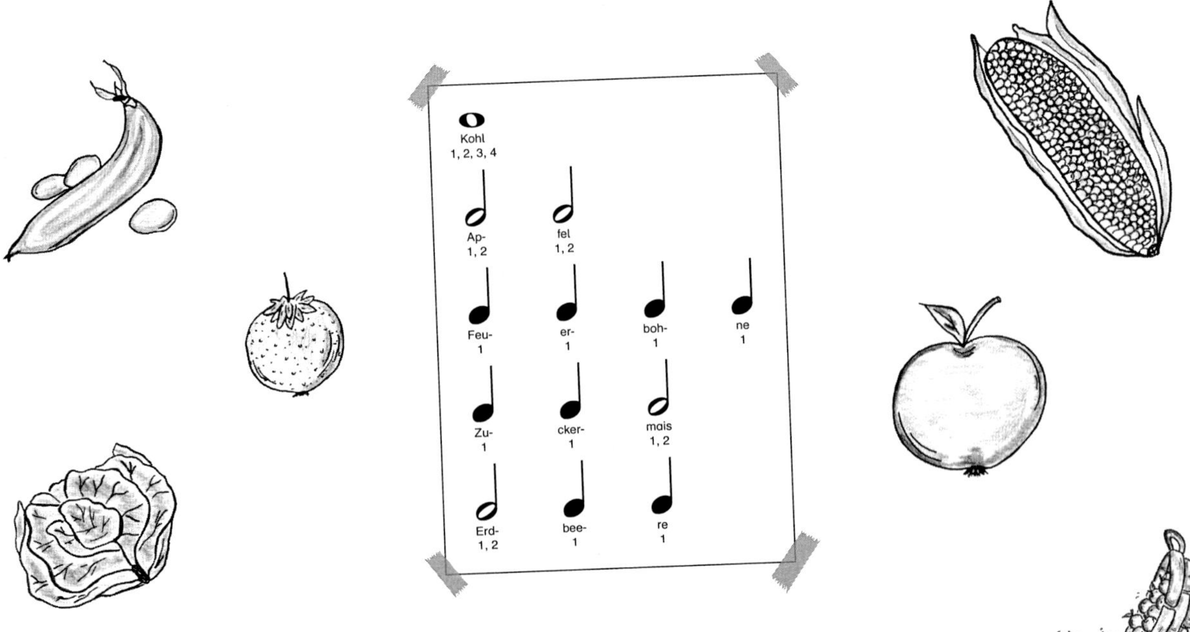

BVK • Maggie Jung: Kita aktiv „Projektmappe Ernährung"

Rhythmuskarten zu „Obstklatschen“ (von 5 bis 6 Jahren)

Kohl 1, 2, 3, 4			
Ap- 1, 2	fel 1, 2		
Feu- 1	er- 1	boh- 1	ne 1
Zu- 1	cker- 1	mais 1, 2	
Erd- 1, 2	bee- 1	re 1	

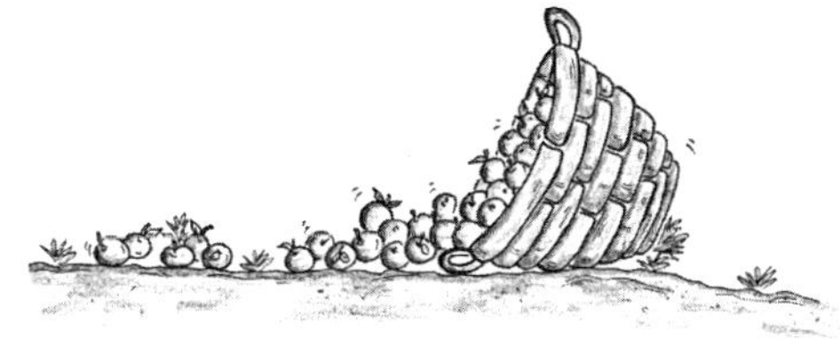

Singen macht hungrig … (ab 3 Jahren)

… vor allem, wenn es in den Songs ums Essen geht!

„Gemischter-Salat-Song“ – Variante 1:
Eine witzige Angelegenheit ist dieser „Gemischter-Salat-Song“. Denn: Auf eine beliebige, allen bekannte Melodie (z. B. von „Mein Hut, der hat drei Ecken“) werden einzig und allein fortlaufend die Wörter „Gemischter Salat“ gesungen. Dadurch kommt es natürlich dazu, dass mitunter die Silben der Wörter falsch betont werden oder mitten im Wort eine Pause gemacht werden muss. Es entsteht also ein ganz schöner Salat! Das Lied kann so oft wiederholt werden, bis die letzte Silbe (-lat) wieder auf der letzten Note auskommt. Selbstverständlich können auch noch andere „Salate“ besungen werden, zum Beispiel Bohnensalat, Gurkensalat, Kartoffelsalat …

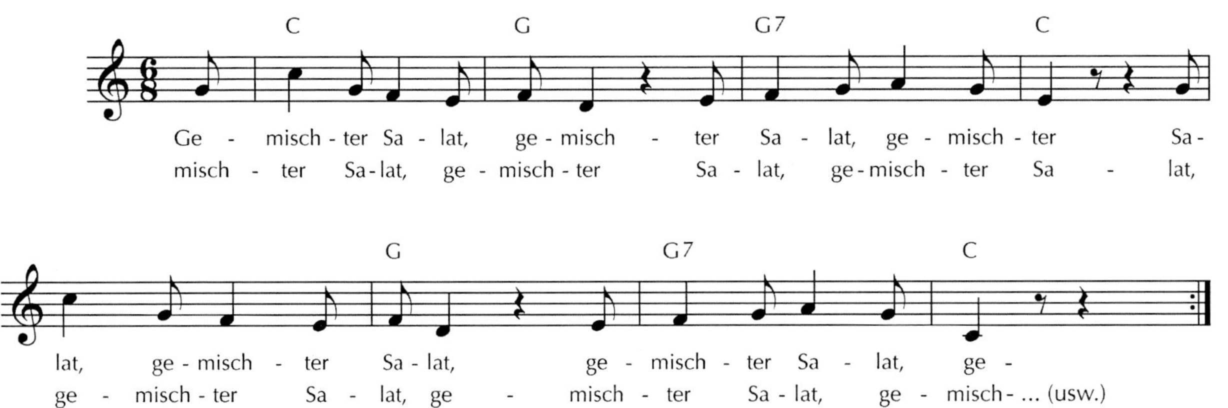

Text: Maggie Jung
Melodie: Mein Hut, der hat drei Ecken, neapolitanisch

„Gemischter-Salat-Song“ – Variante 2:
Auf die Melodie „Drei Chinesen mit dem Kontrabass“ werden fortlaufend die Wörter „Gemischter Salat“ gesungen, aber – wie auch bei dem ursprünglichen Lied angedacht – indem in jeder neuen Strophe jeweils sämtliche Vokale durch einen einzigen ausgetauscht werden (durch das a, e, i, o, u – und wenn man möchte, auch durch das ä, ö und ü).

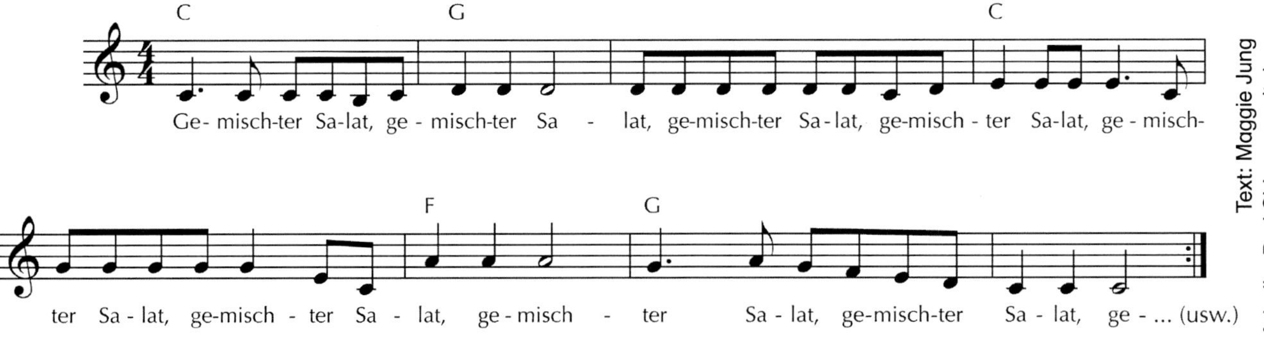

Text: Maggie Jung
Melodie: Drei Chinesen mit dem Kontrabass, Volksweise

Fit-mach-Rap (von 5 bis 6 Jahren)

Vier Kinder (A, B, C, D) stehen in einer Reihe (Ausgangsposition) …

Refrain: Leute, kommt, macht alle mit! Denn dieser Rap, der hält euch fit! Leute, kommt, macht alle mit! Denn dieser Rap, der hält euch fit!	**Bewegungsanweisungen:** *Kinder schnippen (oder klatschen) mit beiden Händen gleichzeitig den Off-Beat.*
1. Habt ihr etwa nach dem Essen viel zu still herumgesessen? Wart ihr faul und unbewegt? Dann ist es Zeit, dass ihr euch regt!	*Kind A tritt einen Schritt nach vorn, trägt die 1. Strophe vor, bewegt sich dabei rhythmisch hin und her. Die Kinder B, C, D begleiten es, indem sie leise weiterschnippen (klatschen).*
Refrain: Jeder macht hier fleißig mit, denn das Rappen hält dich fit – hält dich fit! Leute, kommt, macht alle mit! Denn dieser Rap, der hält euch fit!	*Kind A geht wieder schnippend (klatschend) rückwärts in die Reihe zurück.*
2. Cola, Chips und Eis am Stiel, eins ist klar: das war zu viel! Meinem Magen geht's ganz schlecht, da kommt Rappen gerade recht!	*Kind B tritt einen Schritt nach vorn, trägt die 2. Strophe vor … Kinder A, C, D … (s. Strophe 1).*
Refrain	*Vorgehensweise wie bei Refrain oben*
3. Computerspiele und TV machen euch nicht immer schlau! Drückt den Ausschaltknopf, nur Mut! Denn dieser Rap ist einfach gut!	*Kind C tritt in Aktion … Kinder A, B, D … (s. Strophe 1).*
Refrain	*Vorgehensweise wie bei Refrain oben*
4. Ich brauch Erfrischung, kann nicht mehr! Ein Fruchtsalat, der muss jetzt her! Der schmeckt so gut und ist gesund, danach geht es dann wieder rund!	*Kind D tritt in Aktion … Kinder A, B, C … (s. Strophe 1).*
Refrain	*Vorgehensweise wie bei Refrain oben*

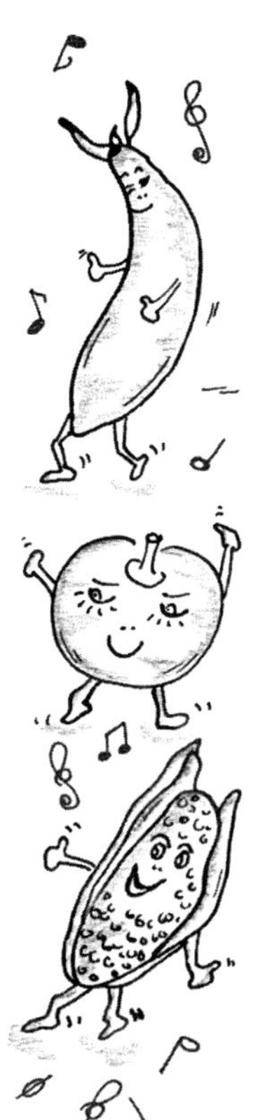

Vorgehensweise bei größerem Publikum:

Refrain: Jeder macht hier fleißig mit, denn das Rappen hält dich fit – hält dich fit!	*Alle vier Kinder gehen schnippend (klatschend) ins Publikum und nehmen jeweils eine weitere Person mit auf die Tanzfläche zurück, die …*
Leute, kommt, macht alle mit! Denn dieser Rap, der hält euch fit!	*… ab nun mitrappt.*

Es müssten sich nun 32 Rapper auf der Tanzfläche befinden. (Bei der letzten Wiederholung des Refrains werden keine zusätzlichen Tänzer mehr auf die Tanzfläche geholt.)

Maispüppchen (ab 4 Jahren)

Material:
Maiskolben (bitte den Bauern fragen!), getrocknete Nelken, Wolle, Zahnstocher

Arbeitsanleitung:
1. Die Hüllblätter des Maiskolbens werden vorsichtig gelöst, sodass sie aber noch am unteren Ende des Kolbens haften bleiben. Den Maiskolben drehen.
2. Vorsichtig werden die Hüllblätter nach oben und hinten gebogen.
3. Nun wird daraus eine „Haarpracht" kreiert: Man kann die Hüllblätter mit einem Wollfaden zum Pferdeschwanz oder zu zwei Zöpfen binden, man kann einzelne Strähnen entstehen lassen, eine Stoppelfrisur schneiden usw. Der Kreativität sind keine Grenzen gesetzt.
4. Aus den getrockneten Nelken werden Augen, Nase und Mund gestaltet, indem man das Gewürz einfach in den Kolben hineinsteckt.
5. Arme und Beine gestaltet man mit Zahnstochern (in den Kolben hineinstecken), an die man einzelne Maiskörner steckt – die man zuvor von einem weiteren Kolben vorsichtig gelöst hat.

Viel Freude beim Gestalten!

BVK • Maggie Jung: Kita aktiv „Projektmappe Ernährung"

Fingerdruck: Beeren sammeln (ab 2 Jahren)

Material:
Kopiervorlage für den Korb (s. S. 28), saugfähiger Papierbogen in DIN A4, spitzer Bleistift, Kohlepapier (Durchschlagpapier), Fingerfarben (Blau / Violett und Rot), zwei Borstenpinsel (Größe 10 oder 12), (feuchter) Lappen für die Hände, Malkittel, alte Zeitungen, Geschenkpapierreste, Klebestift

Arbeitsanleitung:
1. Die Vorlage für den Korb einmal (vergrößert) kopieren und mit Hilfe des Kohlepapiers und einem spitzen Bleistift auf das saugfähige Papier übertragen.
2. Den Arbeitstisch mit alten Zeitungen abdecken. Farbtöpfchen (mit je einem Pinsel) und Lappen (zum Säubern der Finger bei Farbwechsel) bereitlegen.
3. Das Kind bestreicht seine Zeigefingerkuppe mit der Farbe und druckt die „Beeren" in das Körbchen hinein. Bei jüngeren Kindern hilft die Erzieherin beim Bestreichen der Finger. Kleine Beeren erhält man mit dem kleinen Finger, größere mit dem Daumen.
4. Während das Bild trocknet, können die Kinder aus den verschiedenen Geschenkpapierresten ca. 2 cm lange Schnipsel reißen, die dann fingerbreit als Rahmen auf den Rand des Aquarellbildes geklebt werden.

Fertig!

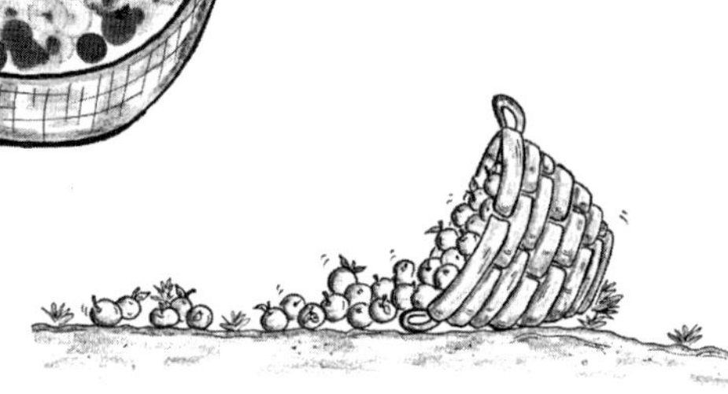

BVK • Maggie Jung: Kita aktiv „Projektmappe Ernährung"

Schneide- / Reißtechnik: Apfel – einmal anders (ab 4 Jahren)

Material:
Kopiervorlage für den Apfel (s. S. 28, ggf. hochkopieren), schwarzes Tonpapier, weißer Holzstift, Scheren, Klebestift, weißer Karton

Arbeitsanleitung:
1. Die Umrisse eines Apfels werden mit einem weißen Holzstift auf das schwarze Tonpapier übertragen.
2. Je nach Alter schneiden die Kinder den Apfel selbst aus oder werden durch die Erzieherin unterstützt.
3. Nun wird der Apfel (je nach individuell ausgeprägter Feinmotorik) von den Kindern in Querstreifen geschnitten oder gerissen. Dabei sollte jeder Schnitt oder Riss anders aussehen (Wellen, Zickzack ...). Die Erzieherin kann zur Unterstützung mit dem weißen Holzstift Linien auf dem Apfel vorzeichnen.
4. Die Querstreifen werden wieder zu einem Apfel zusammengefügt, indem sie in einem Abstand von ca. 2–3 mm auf den weißen Karton geklebt werden.

Hier sehen Sie eine fertige Arbeit „Apfel – einmal anders“:

Kopiervorlage zu „Beeren sammeln“

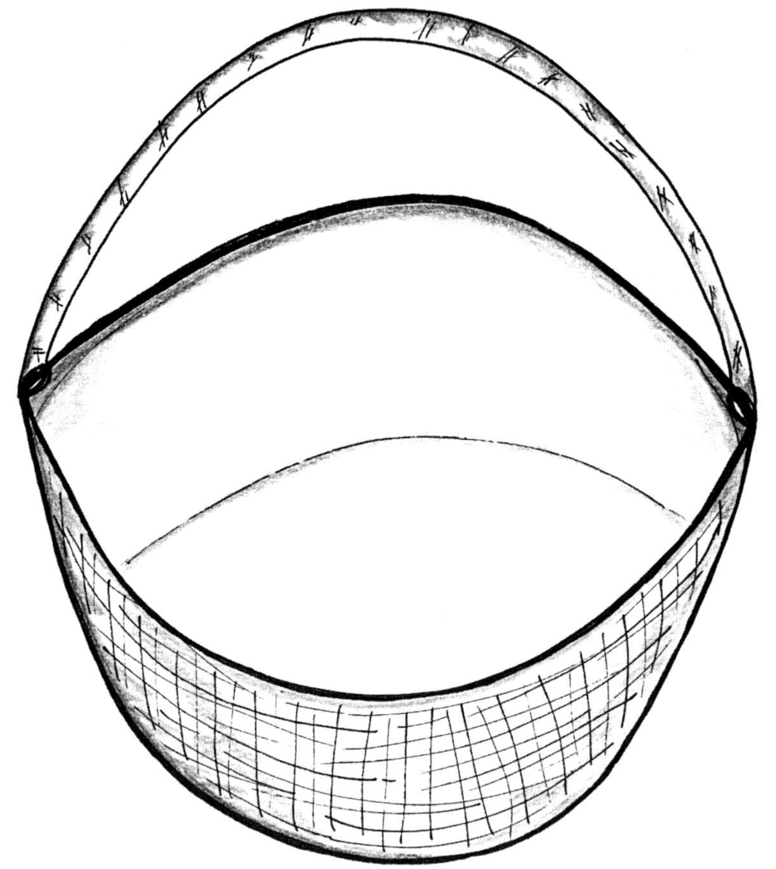

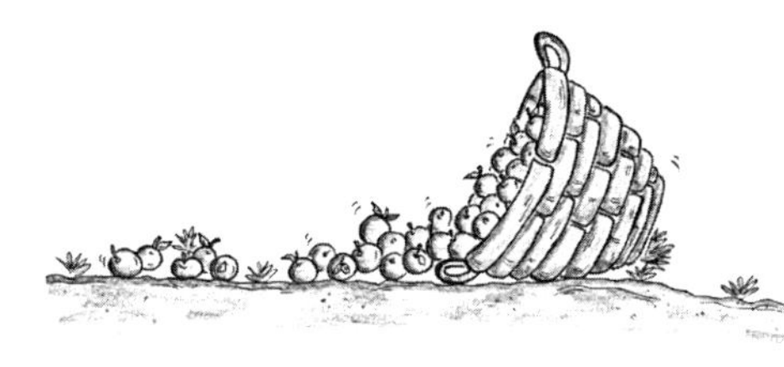

BVK • Maggie Jung: Kita aktiv „Projektmappe Ernährung“

Kopiervorlage zu „Apfel – einmal anders“

BVK • Maggie Jung: Kita aktiv „Projektmappe Ernährung“

Mandala (ab 4 Jahren)

Male an.

Tipp:
Kopieren Sie das Mandala auf Architektenpapier und laminieren es nach dem Ausmalen. Anschließend schneiden die Kinder ihr Mandala aus und erhalten so ein leuchtendes Fensterbild. Da das Mandala durch das Laminieren auch wetterfest wird, kann man es als Baumschmuck in den Garten hängen. Wenn die Kinder mit Filzstiften malen, erhält man einen besonders leuchtenden Farbeffekt.

Papierarbeit: Kochtopf & Co (ab 3 Jahren)

Material:
Vorlage für den Kochtopf (s. u.), Seidenpapierbögen in verschiedenen Farben, weißer Tonkarton (DIN A4), spitzer Bleistift, Kohlepapier (Durchschlagpapier), Schalen für die Kügelchen, Kleber (oder Kleister mit Borstenpinsel), Lappen für die Hände, Malkittel, alte Zeitungen, Kohlestift oder Bleistift

Arbeitsanleitung:
1. Die Vorlage „Kochtopf" einmal vergrößert kopieren und mit Hilfe des Kohlepapiers und mit einem spitzen Bleistift auf den Tonkarton übertragen.
2. Jedes Kind wählt je eine Farbe für den Kochtopf, den Deckel und für den Kochlöffel. Aus dem Seidenpapier werden kleine Schnipsel gerissen, die dann zu Kügelchen zusammengeknüllt und in den Schalen gesammelt werden.
3. Nun den Arbeitstisch mit den Zeitungen abdecken, bunte Papierkügelchen und Kleber bzw. Kleister mit Pinsel bereitstellen.
4. Das Kind bestreicht jeweils ein kleines Stück der Zeichnung auf dem Tonkarton mit Kleber (Kleister) und beklebt die Stelle mit den Papierkügelchen. Diese werden eng aneinandergeklebt, möglichst ohne Lücken. So entsteht ein plastisches Bild.
5. Ist die Papierarbeit getrocknet, kann das Kind mit einem Kohle- oder Bleistift den Kochdunst auf seinem Werk „hochsteigen lassen".

Fertig gekocht!

Hinweis:
Das Angebot kann auch als Gruppenarbeit durchgeführt werden. Dann wird die Vorlage um ein vielfaches vergrößert kopiert oder auf ein großes Plakat übertragen.

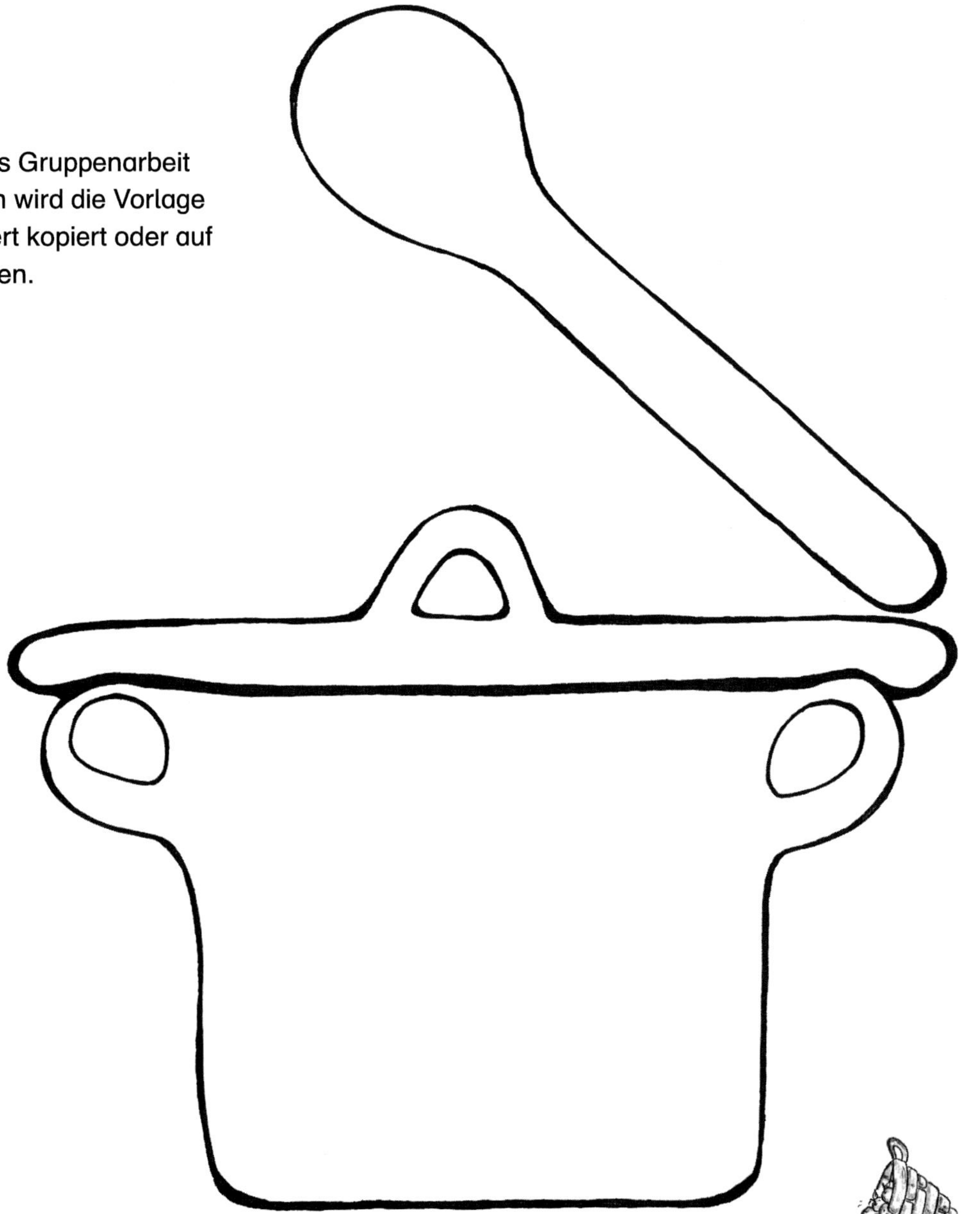

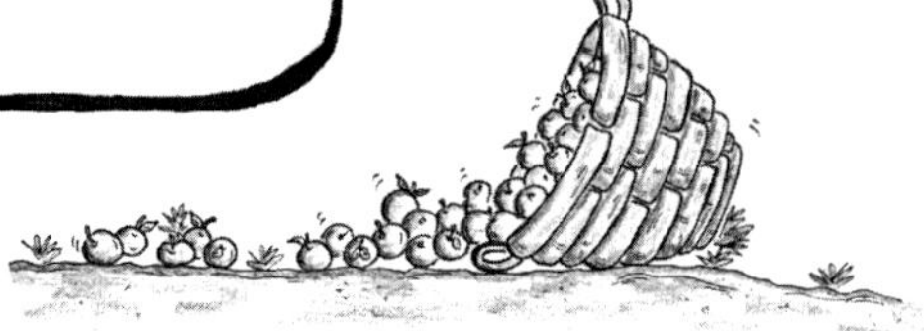

BVK • Maggie Jung: Kita aktiv „Projektmappe Ernährung"

Pizza belegen (ab 4 Jahren)

Material:

Kartoffeln, Kartoffelmesser, Schneidebretter, saugfähiges Papier, Bleistift oder Zirkel, Acryl- oder Abtönfarben (in Töpfchen oder Tuben), pro Farbe einen Borstenpinsel, Malunterlagen, Lappen, Malkittel

Arbeitsanleitung:

1. Aus den Kartoffeln werden Stempel hergestellt. Dazu werden die gewaschenen Knollen von der Erzieherin halbiert und in die Flächen kleine Formen hineingeschnitten (s. Abb.): Kreise verschiedener Größen („Salamischeiben", „Pilze"), Rechtecke („Schinken"), Dreiecke und / oder Halbkreise („Tomatenstücke"), Streifen („Käse")

2. Auf das saugfähige Papier wird mit Bleistift oder mit dem Zirkel ein Kreis aufgezeichnet (etwa 20 cm Durchmesser).

3. Mit dem jeweiligen Pinsel wird die entsprechende Acrylfarbe auf den Stempel aufgebracht.

4. Dann wird gedruckt – das heißt: Die Pizza wird nach Belieben belegt!

Viel Spaß!

Käse wächst nicht auf Bäumen! (ab 4 Jahren)

Woher kommen unsere Lebensmittel? Verbinde mit Linien.

BVK • Maggie Jung: Kita aktiv „Projektmappe Ernährung“

Wir pflanzen eine Bohne (von 3 bis 6 Jahren)

Material:
Tontöpfe, Gartenerde, Handschuhe, kleine Schaufeln, Feuerbohnen, Gießkanne, Abdeckung (alte Zeitungen) für den Tisch oder Fußboden, Holzstäbchen (später)

Bitte unbedingt beachten: Bohnen dürfen nicht roh gegessen werden!

Arbeitsanleitung:
1. Der Tisch oder Fußboden wird abgedeckt.
2. Die Kinder ziehen Handschuhe an und befüllen mit Hilfe der Schaufeln ihre Töpfe randvoll mit Erde.
3. Mit dem Finger wird ein ca. 2 cm tiefes Loch in die Erde gebohrt, eine Feuerbohne hineingelegt und leicht mit Erde bedeckt.
4. Nun wird gegossen: Bitte gut feuchthalten, aber die Bohne nicht gleich ertränken!
5. Die Töpfe werden auf eine Fensterbank gestellt.
6. Regelmäßig gießen (feuchthalten).
7. Hat die Pflanze eine Höhe von ca. 15 cm erreicht, wird ein Holzstäbchen zur Stütze in die Erde gesteckt.
8. Im Mai kann die Bohne nach draußen in den Garten gepflanzt werden.
   Siehe dazu auch „Lasst uns ein Bohnenzelt bauen!“ auf Seite 34.

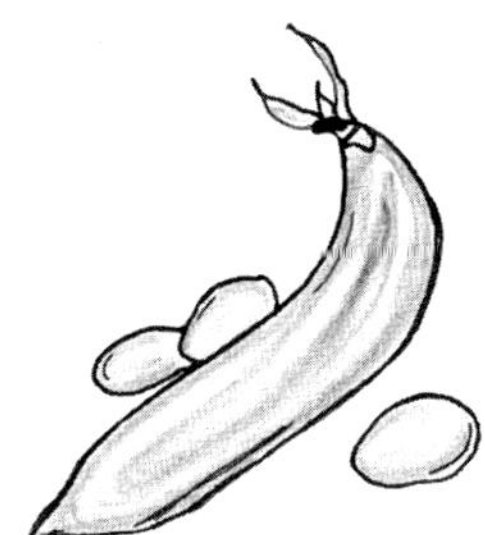

Weitere Anregungen:
Begleitend zur täglichen Beobachtung des Bohnenwachstums sollten Gespräche im Kreis stattfinden:
- „Was glaubt ihr, passiert mit der Bohne in der Erde?“ (keimt)
- „Was bildet sich noch in der Erde?“ (Wurzeln)
- „Was benötigt die Bohne / die Pflanze dringend für ihr Wachstum?“ (Licht / Sonne, Wasser)

Die Kinder können ein Bohnen-Tagebuch führen (Tabelle wie abgebildet, bitte vergrößert kopieren): Jeden Tag malen die Kinder das, was sie sehen, in die Tabelle hinein. So bekommen sie einen Überblick über den Wachstumsverlauf.

1. Tag	2. Tag	3. Tag	4. Tag	5. Tag	6. Tag
7. Tag	**8. Tag**	**9. Tag**	**10. Tag**	**11. Tag**	**12. Tag**
13. Tag	**14. Tag**	**15. Tag**	**16. Tag**	**17. Tag**	**18. Tag**

Lasst uns ein Bohnenzelt bauen! (ab 3 Jahren)

Material:
Seil oder Schnur, 5 Bohnenstangen, stabile Paketschnur, Blumenkellen (oder sogenannter Pflanzer), vorgezogene Feuerbohnenpflanzen (s. S. 33), Gießkannen

Arbeitsanleitung:
1. Auf der Wiese / im Garten wird ein Kreis mit einem Durchmesser von gut 2 m markiert (z. B. mit einem Seil oder einer Schnur).
2. Im Abstand von etwa 60 cm werden mit Hilfe einer Blumenkelle oder eines Pflanzers Löcher in die Erde gestochen.
3. Die Bohnenstangen werden schräg in die Erdlöcher gesteckt und oben mit einer stabilen Schnur gebündelt.
4. Um das Zelt noch mehr zu stabilisieren, werden die Stangen auch weiter unten mit einer Schnur miteinander verbunden.
5. Die vorgezogenen Bohnenpflanzen können nun – nahe an die Bohnenstangen – in die Erde gepflanzt werden. Achtung: Zwischen zwei Stangen darf nichts gepflanzt werden, denn hier soll der Zelteingang sein. Die Bohnenpflanzen wachsen rasch und werden sich von selbst um die Stangen herumwinden, sodass ein dichtes Zelt entsteht.
6. Bohnenpflanzen gut angießen; vor allem bei trockenem Wetter regelmäßig gießen.

Hinweis:
Die Altersangabe bezieht sich auf noch recht kleine Kinder. Selbstverständlich können die Dreijährigen bei diesem Angebot nicht komplett selbst Hand anlegen. Es sollte vorher überlegt werden, welche Altersstufe hier welche Aufgaben übernehmen kann: Die Fünfjährigen helfen zum Beispiel beim Stechen der Bodenlöcher, die Sechsjährigen können helfen, die Bohnenstangen miteinander zu verbinden und die Dreijährigen dürfen am Schluss die Bohnenpflanzen gießen. Dieses Angebot eignet sich hervorragend für eine gemeinsame Eltern-Kinder-Aktion.

BVK • Maggie Jung: Kita aktiv „Projektmappe Ernährung"

So sieht unser Getreide aus (ab 4 Jahren)

Der Zeichner hat nicht aufgepasst! Male hinzu, was noch beim Hafer, bei der Gerste, beim Weizen und beim Roggen fehlt.

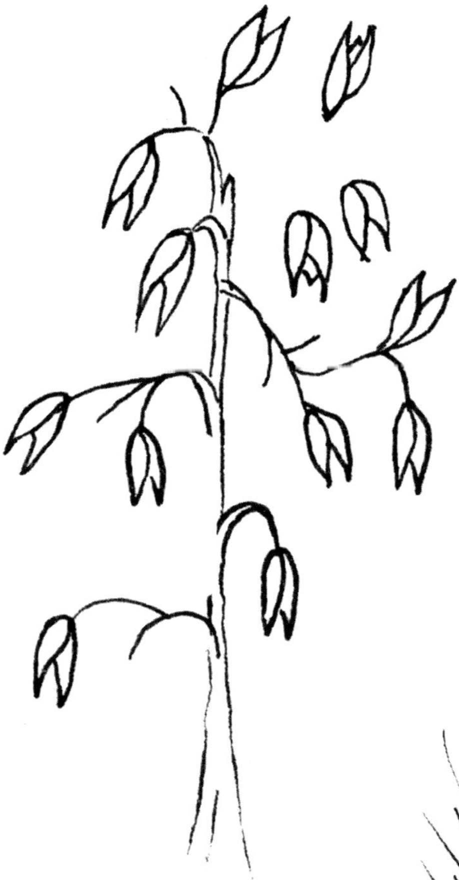

Hafer

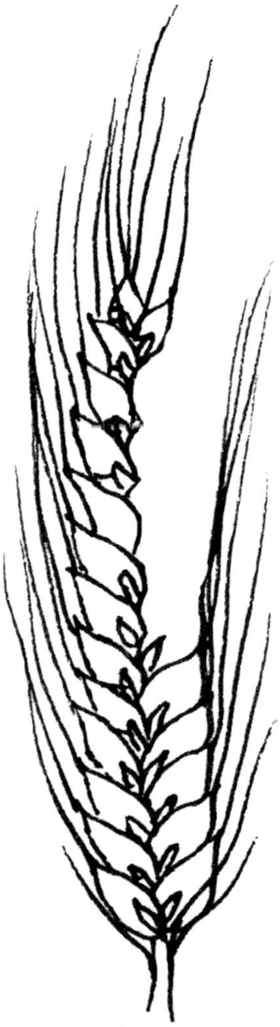

Gerste

Roggen

Weizen

Küchenregeln – die kenne ich! (ab 4 Jahren)

Hinweis:
Diese Vorlage kann stark vergrößert kopiert werden und als Plakat für die Gesprächsgrundlage über Küchenregeln dienen. Zusätzlich kann die Vorlage im Original-Format kopiert und von den Kindern ausgemalt werden. Auch als laminierte Einzelkarten können die Abbildungen vor jeder Koch-/ Backaktion immer wieder zum Einsatz kommen.

1

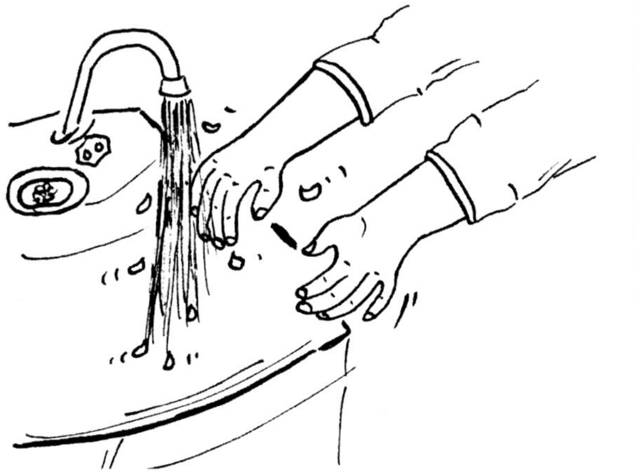

2

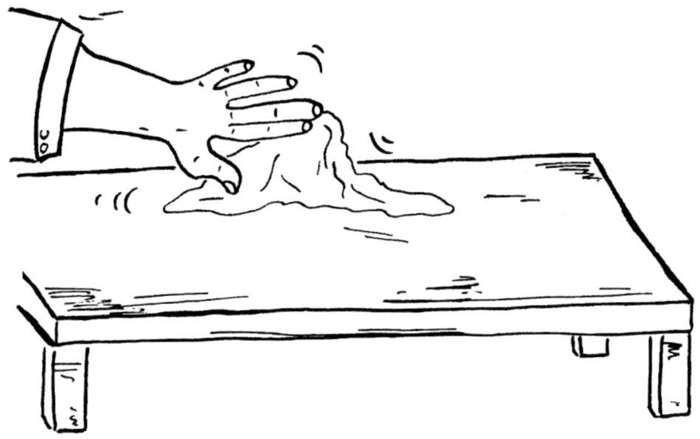

3

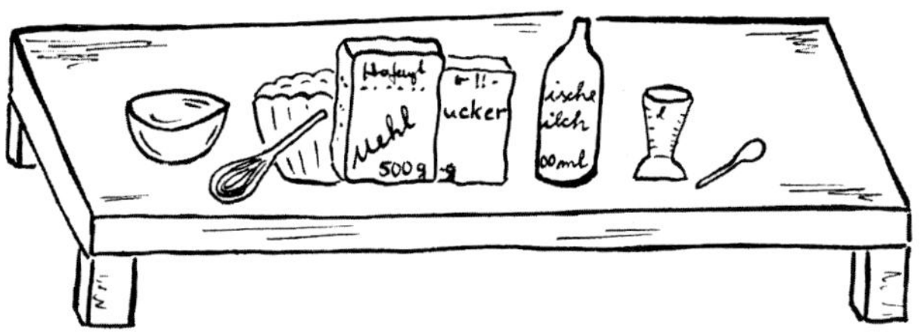

4

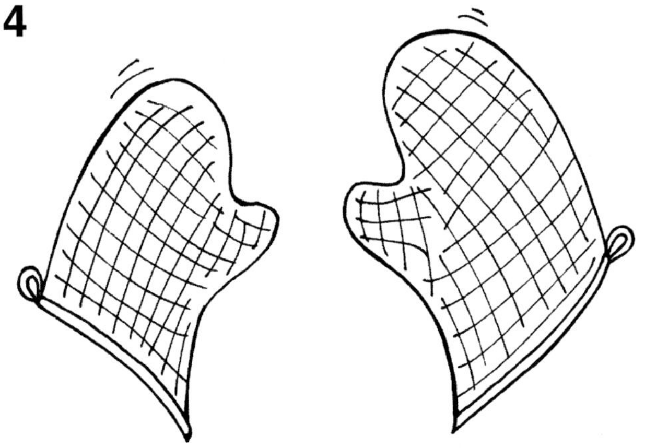

5

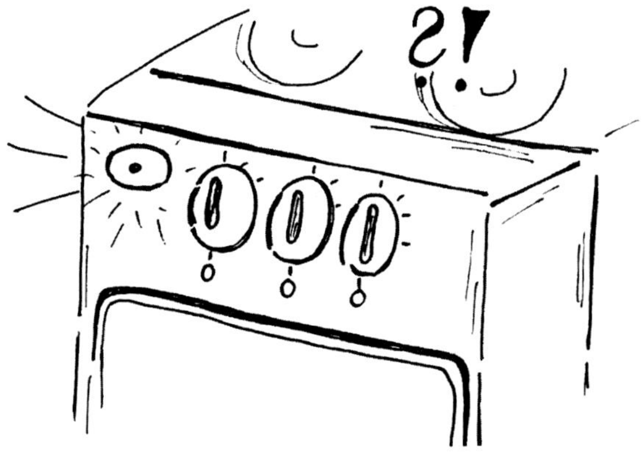

1. Vor dem Kochen und Backen die Hände waschen!
2. Arbeitsfläche / Arbeitstisch gründlich reinigen!
3. Koch- und Backgeschirr sowie die Rezeptzutaten bereitstellen!
4. Heiße Backbleche und Kochtöpfe immer nur mit Kochhandschuhen berühren!
5. Am Schluss stets noch einmal kontrollieren, ob Ofen, Herd etc. ausgeschaltet sind!

Kopiervorlage zu „Puzzle: So decke ich den Tisch!“ (ab 4 Jahren)

Hinweis:
Eventuell vergrößert kopieren und auf Tonkarton kleben, die Puzzleteile anmalen und ausschneiden.

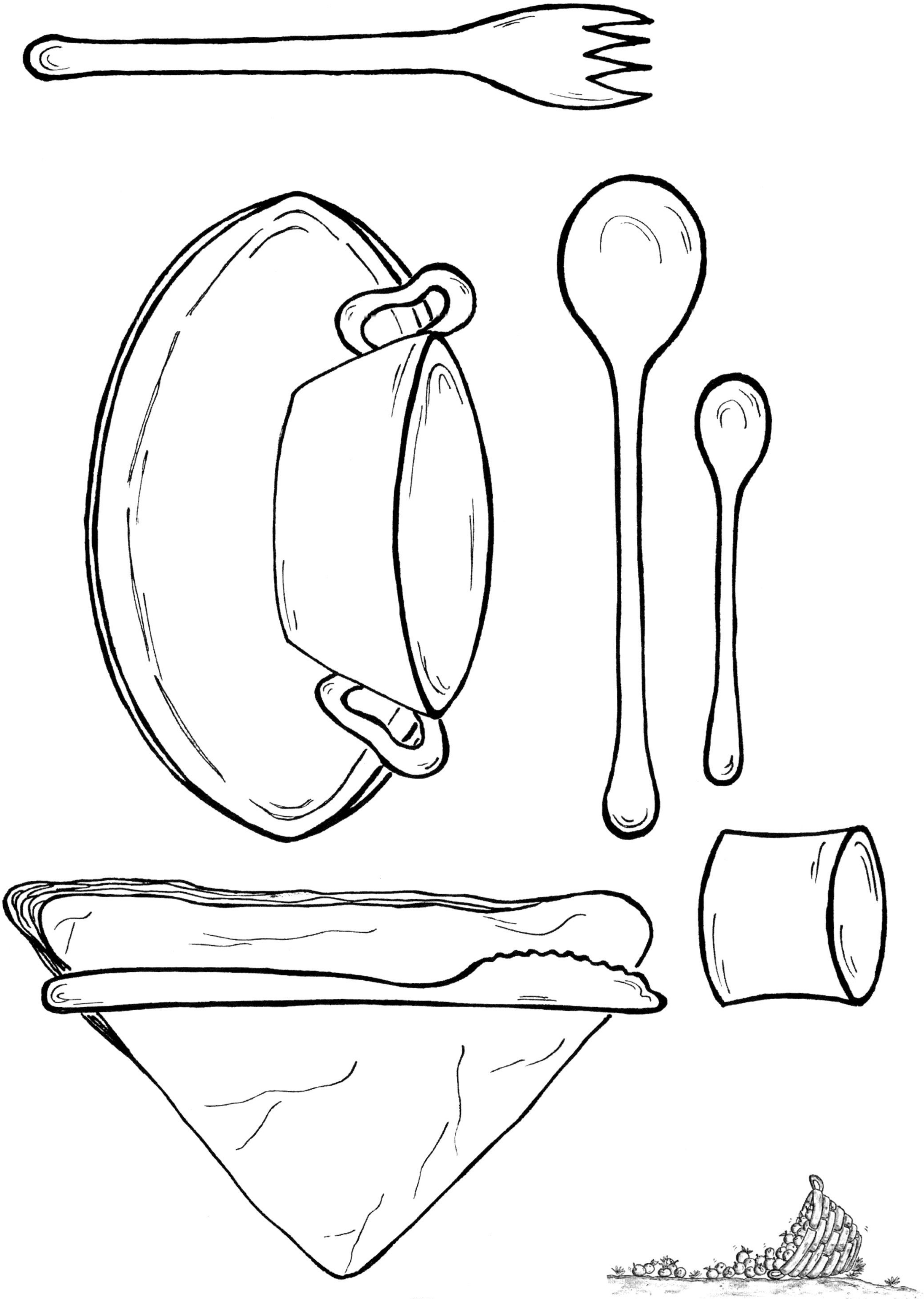

Wir legen ein Hochbeet an und pflanzen Pfefferminze! (ab 3 Jahren)

Hinweis:
Ein Hochbeet hat viele Vorteile: Das anstrengende Bücken beim Bepflanzen, Pflegen und Ernten entfällt; schnell wuchernde Pflanzen – wie Pfefferminze – nehmen mit ihren Wurzeln nicht mehr komplette Beete in Beschlag, und die Pflanzen werden nicht mehr (so schnell) von Schnecken befallen. Selbstverständlich sollte ein Hochbeet im Garten einer Kindertageseinrichtung unbedingt in kindgemäßer Höhe errichtet werden! Für das Pfefferminze-Hochbeet ist ein sonniger Standort zu wählen.
Ein Hochbeet anzulegen ist eine prima Eltern-Kinder-Aktion!

Material:
Gartenhandschuhe, Spaten, Heugabel, Schaufel, engmaschiger Draht (gut 0,50 x 2 m), 2 naturbelassene Holzbretter (ca. 0,50 x 2 m) und 2 Bretter (0,50 x 0,50 m), Nägel und Hammer, Strauch- und Baumschnitt (grob), Grassoden, Laub, Grünabfälle und Strauchschnitt (fein), Kompost und Gartenerde, Englische Minze (6 Pflanzen), Pflanzkelle, Gießkanne mit Wasser

Arbeitsanleitung:
1. Auf der Wiese / im Garten wird eine gut 0,50 x 2 m große und ca. 20 cm tiefe Grube ausgehoben.

2. Diese Grube wird mit dem Draht ausgelegt, damit Wühlmäuse das Beet nicht erobern können.

3. Aus den Brettern nagelt man die Beet-Einfassung, die stabil in der Grube steht.

4. Die Einfassung wird nun schichtweise mit folgenden Materialien aufgefüllt:
   Schicht 1: Grober Strauch- und Baumschnitt (sorgt für gute Durchlüftung)
   Schicht 2: Umgedrehte Grassoden (damit die nächste Schicht nicht durchrieselt)
   Schicht 3: Kleiner Strauchschnitt, Laub, kleine Grünabfälle
   Schicht 4: Kompost und Gartenerde

5. Nun kann das Beet bepflanzt werden. Die Pfefferminze gut angießen.

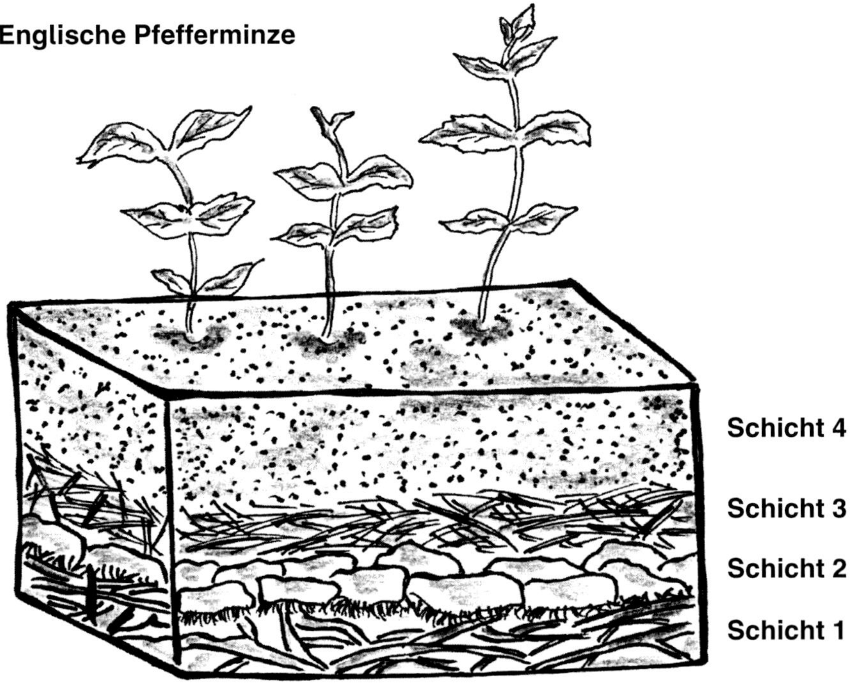

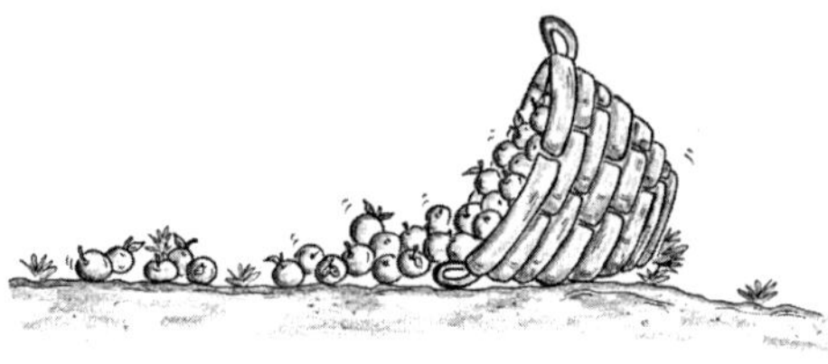

BVK • Maggie Jung: Kita aktiv „Projektmappe Ernährung“

Pfefferminzbeet – Pflege, Ernte & Teezubereitung (ab 3 Jahren)

Pflege:
Die Pflanzen ab und zu gießen, vor allem bei Trockenheit. Das Beet sollte durch regelmäßiges Harken locker gehalten werden. Im Herbst ist es ratsam, die Erde zu düngen (Kompost). Das Wachstum wird durch das Ernten gefördert.

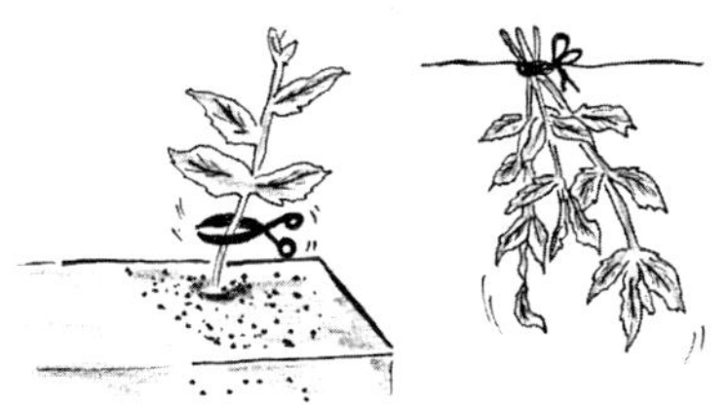

Ernte:
Am besten erntet man zu Beginn der Blüte, späteres Ernten ist aber auch möglich. Die oberen Pflanzenabschnitte werden dazu abgeschnitten. Will man die Minze als Tee lagern, bündelt man die Minzestängel und hängt die Büschel kopfüber zum Trocknen auf. Nach dem Trocknen die Blätter mit den Fingern zerkleinern und in ein luftdichtes und dunkles Glas füllen.

Tee zubereiten:
Entweder ein bis zwei frische Minzestängel in einen Glaskrug geben oder pro Tasse einen Teelöffel getrocknete Blätter in ein Tee-Ei geben und mit kochendem Wasser übergießen. Einige Minuten ziehen lassen. Fertig.

Pfefferminztee ist herrlich erfrischend und durstlöschend. Er hilft aber auch bei verschiedenen Beschwerden wie zum Beispiel bei Magen- und Darmproblemen oder bei Übelkeit. Auch als Gewürz in der Küche findet Pfefferminze Verwendung.

Mal eben zwischendurch: Aktionen ohne aufwändige Vorbereitung (ab 3 Jahren)

- Besuch auf dem Bauernhof
- gemeinsames Einkaufen: Wo finde ich was?
- Besuch in einer Molkerei
- eine Wanderung entlang der Getreidefelder
- Besuch in einem Bauernmuseum: So sah es früher in der Küche aus.
- Besuch bei den Großeltern (eines Kindes): So wurde früher geerntet und gekocht.
- Waldbeeren sammeln (**Achtung:** Vor dem Verzehr gut waschen!)

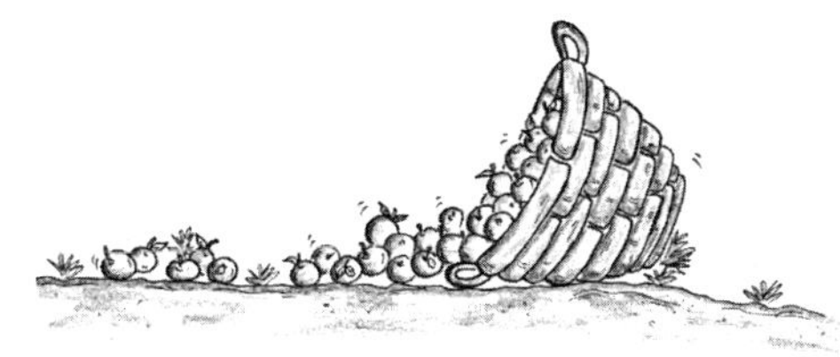

Die Nahrung auf der Reise durch unseren Körper (ab 5 Jahren)

Unsere Nahrung durchläuft auf ihrer Reise durch unseren Körper viele **„Haltestationen“:**

Der **Mund** ist die erste „Haltestation“. Hier wird das Essen zerkleinert, indem wir es mit unseren Zähnen zerkauen. Unser Speichel im Mund vermischt sich mit dem Essen. Der Speichel enthält einen Stoff, der den zerkauten Bissen zersetzt, also in kleine Teile zerlegt. Außerdem rutscht das Essen beim Schlucken mit dem Speichel zusammen besser zur nächsten „Haltestation“, nämlich der …

… Speiseröhre: Sie ist die zweite „Haltestation“, obwohl das Essen hier nicht lange bleibt. Die Speiseröhre ist eher eine Art Rutschbahn oder Tunnel für den zerkauten Bissen. Rutscht unser Essen durch diesen Tunnel, gelangt es am Ende direkt zur nächsten wichtigen „Haltestation“. Aber Achtung! Direkt neben der Speiseröhre liegt die Luftröhre. Diese ist normalerweise beim Schlucken durch ein Kläppchen verschlossen. Essen wir aber zu hastig, können wir uns verschlucken. Dann gelangen Teile des Bissens versehentlich in die Luftröhre und wir müssen husten.

In der dritten „Haltestation“, dem **Magen,** verweilt das Essen eine längere Zeit. Wie lange genau, das ist sehr unterschiedlich: Essen wir morgens nach dem Aufstehen Obst, verlässt es nach etwa einer halben Stunde den Magen. Das Fleisch vom Mittag- oder Abendessen bleibt bis zu neun Stunden an dieser „Haltestation“. Der Magen hat viel zu tun: Mit seinem Magensaft zerkleinert er das ganze Essen zu einem Brei. Muskeln sorgen dafür, dass dieser Brei weitertransportiert wird in den …

… Dünndarm: Er ist die vierte und die längste und wichtigste „Haltestation“ in unserem Körper. Er ist drei bis vier Meter lang. Das ist ungefähr so viel wie drei bis vier große Erwachsenenschritte aneinandergereiht. Unsere Nahrung enthält Stoffe, die für unseren Körper sehr wichtig sind. Um diese Stoffe kümmert sich der Dünndarm und sorgt dafür, dass sie unserem Körper zugutekommen. Vom Dünndarm aus geht es direkt zur …

… fünften „Haltestation“, dem **Dickdarm:** Er ist etwa eineinhalb Meter lang, also etwa so viel, wie drei Kinderschritte aneinandergereiht. Unsere Nahrung enthält Wasser, das unser Körper dringend braucht. Deshalb wird dieses Wasser im Dickdarm aus dem Essensbrei herausgefiltert. So wird der Brei immer dicker und fester und rutscht weiter bis in den …

… Mastdarm: Der Mastdarm ist ungefähr 15 bis 30 cm lang. Das ist ca. so lang wie die Hand eines Erwachsenen oder auch wie euer Unterarm mit ausgestreckter Hand. In der fünften „Haltestation“ sammelt sich der feste Nahrungsbrei, die Essensreste, die unser Körper nicht mehr braucht. Hat sich genügend Essensbrei im Mastdarm angesammelt, haben wir das Gefühl, dass wir auf die Toilette müssen. Schließlich kommen die Nahrungsreste als kleines „Häufchen“ wieder heraus, wenn wir auf der Toilette sitzen.
Wichtig: Nach dem Toilettengang immer die Hände mit Seife waschen!

Hinweis:
Eventuell findet sich eine (Kinder-)Arztpraxis, die bereit ist, einen Anatomie-Torso zu verleihen. So bleibt das Thema nicht abstrakt, sondern wird im wahrsten Sinne des Wortes be*griffen*.

Kopiervorlage zu „Die Nahrung auf der Reise durch unseren Körper“

Hinweis:
Schaubild (auf mindestens DIN A3, bestenfalls aber auf DIN A1) vergrößert kopieren und die einzelnen „Haltestationen“ (s. S. 40) farblich kennzeichnen. Poster im Gruppenraum aufhängen.

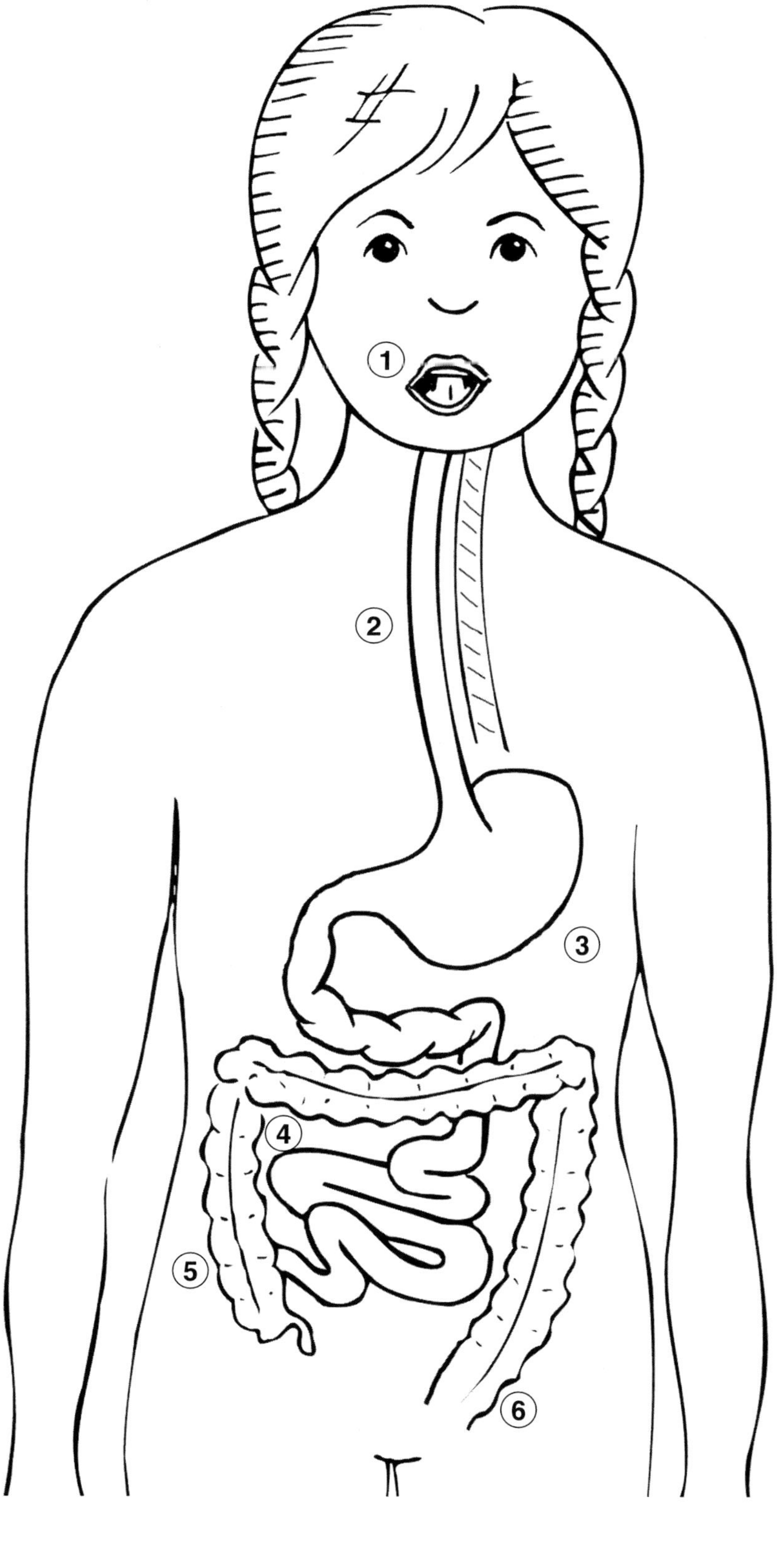

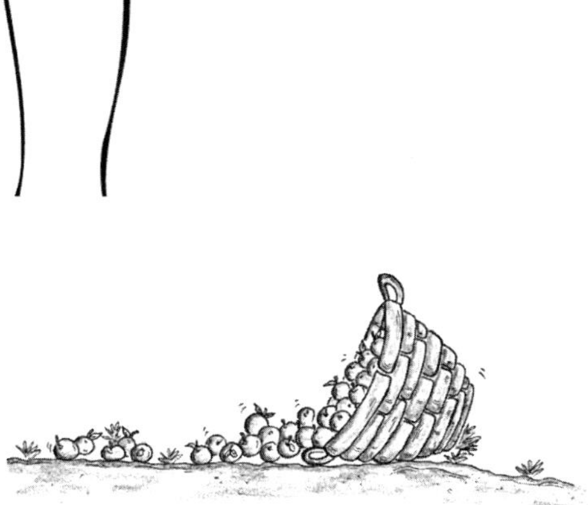

Hier macht die Nahrung in unserem Körper „Halt“!

Wenn die Nahrung durch unseren Körper reist, macht sie an einigen Stationen Halt. Der Zeichner hat leider vergessen, sie fertig zu malen.

Male du die „Haltestationen“ mit Buntstiften an die richtigen Stellen.

Wirf einen Blick auf das große Schaubild in eurem Gruppenraum.

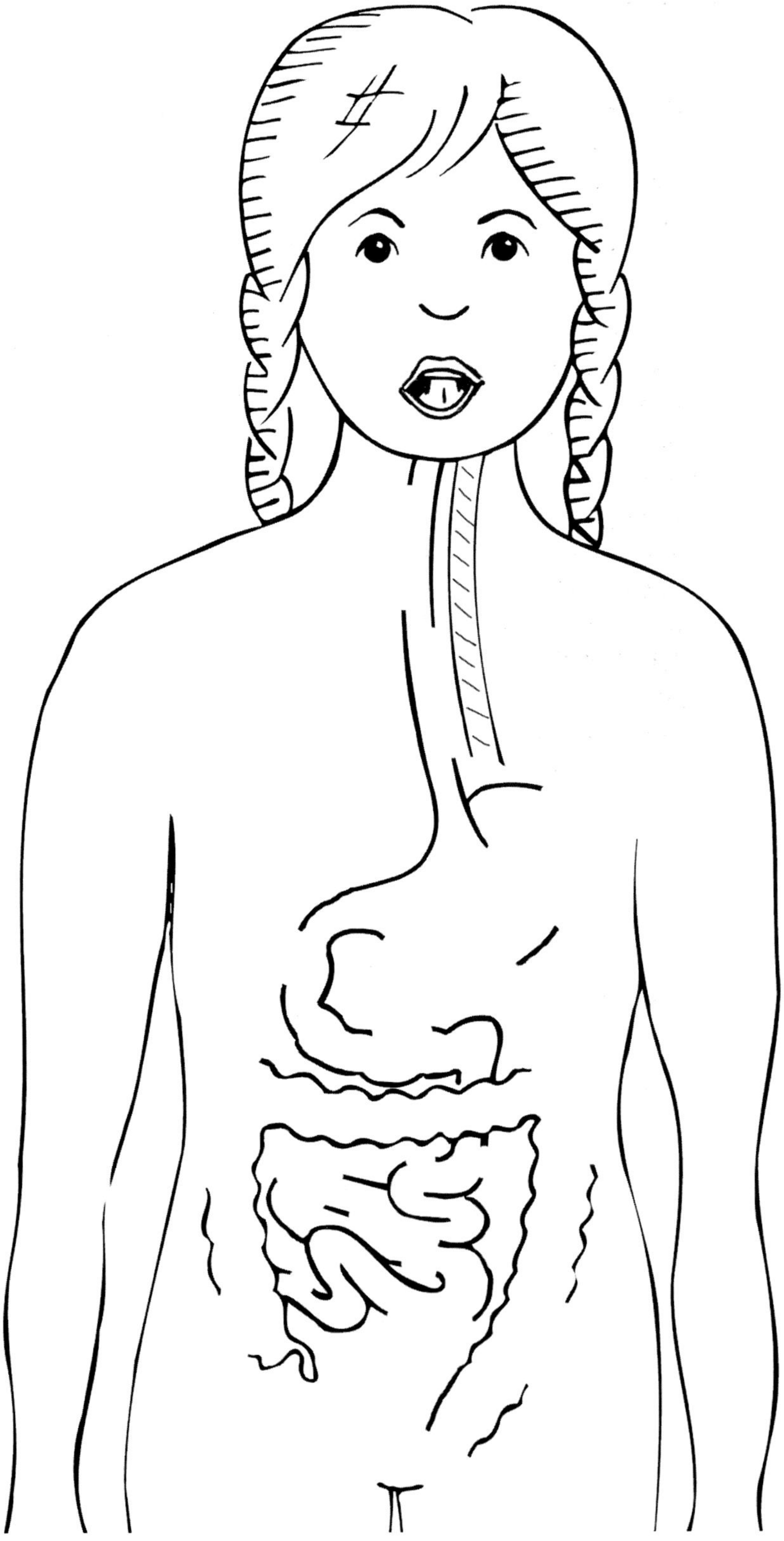

BVK • Maggie Jung: Kita aktiv „Projektmappe Ernährung“

Backstube – leckere Brötchenschnecke (ab 4 Jahren)

Zutaten:

375 g Roggenmehl, 375 g Weizenmehl, ½ l Buttermilch, 80 g frische Hefe, 250 g Quark, 1 – 1½ Esslöffel Salz, zusätzlich etwas Buttermilch zum Bestreichen, evtl. Sesam, Mohn und Sonnenblumenkerne

Arbeitsmittel:

saubere Arbeitsfläche (Tisch, Küchenablage), evtl. Knetunterlage, Schüssel, evtl. Teller und Schälchen (feuerfest), sauberes Küchentuch (zum Abdecken), Küchenrührgerät mit Knethaken, Backblech, Backpapier, Messer, Esslöffel, Backpinsel, Schälchen (für die Buttermilch), Backofen

Zubereitung:

- Beide Sorten Mehl in eine Schüssel geben. In die Mitte eine Mulde drücken und die Buttermilch und die zerbröselte Hefe hineingeben. Das Salz nur über das Mehl streuen.
- Zunächst mit dem Küchenrührgerät (Knethaken!) zu einem Teig verarbeiten, diesen anschließend nochmals mit den Händen durchkneten.
- Den Teig abgedeckt 30 Minuten in der Sonne oder aber auf einem feuerfesten (!) Teller im Ofen 5 – 10 Minuten bei 50 °C gehen lassen. Wählt man Letzteres, sollte man zusätzlich ein Schälchen mit Wasser in den Ofen stellen. Dies verhindert, dass der Teig austrocknet. Danach den Teig noch 10 – 20 Minuten bei ausgeschaltetem Ofen in der Nachwärme stehenlassen.
- Das Backblech mit Backpapier auslegen.
- Den porigen Teig noch einmal manuell gut durchkneten und zu Rollen formen.
- Dann die Rollen in ca. 20 gleich große Stücke aufteilen (mit dem Messer).
- Die Teigstücke werden mit bemehlten Händen zu runden Brötchen geformt.
- Das erste Brötchen wird in die Mitte des Backblechs gelegt, alle weiteren werden im Kreis darum herum gesetzt (Schnecke). Darauf achten, dass die Teigstücke nicht zu eng aneinandersitzen.
- Die Brötchen mit der restlichen Buttermilch bestreichen und mit Mohn, Sesam und Sonnenblumenkernen bestreuen (evtl. mit der Hand leicht andrücken).
- Das Ganze abgedeckt nochmals 30 Minuten gehenlassen.
- Auf mittlerer Einschubleiste bei 180 – 200 °C (Heißluftherd: 150 – 180 °C) 10 – 15 Minuten plus 5 – 10 Minuten bei ausgeschaltetem Ofen backen.

Hinweis:

Siehe hierzu auch die Anregungen auf den Seiten 14 – 16.

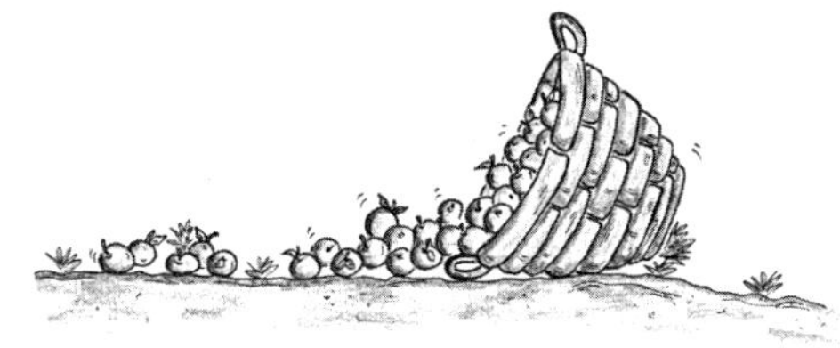

Maggies „Ultra-hyper-turbo-Eis“ (ab 5 Jahren)

Hinweis:
Das Rezept eignet sich zum direkten Servieren. Alternativ kann man die Creme einfrieren und 15 Minuten vor dem Verzehr aus dem Tiefkühlfach nehmen.

Zutaten für 8 Portionen:
8 Bananen, 320 g Kirschen (frisch oder tiefgekühlt), 20 EL Hafermilch, 1 TL Vanillinzucker

Arbeitsmittel:
1 Küchenmesser, 1 Schneidebrett, 1 Teelöffel, 1 Tiefkühlfach, 1 Pürierstab, 1 Messbecher, 1 Handrührgerät mit Rührhaken,1 hohe Rührschüssel

BVK • Maggie Jung: Kita aktiv „Projektmappe Ernährung“

Zubereitung:
- Bananen schälen und in ca. 5 cm lange Stücke schneiden. Frieren Sie diese für ein paar Stunden oder über Nacht ein.
- Pürieren Sie diese dann mit dem Pürierstab – ggf. vorher einige Minuten antauen lassen.
- Geben Sie die frischen oder angetauten Kirschen dazu. Pürieren Sie diese ebenfalls.
- Vanillinzucker und Hafermilch hinzufügen. Alles in der Schüssel mit dem Handrührgerät zu einer „Eiscreme“ schlagen, bis die Masse sämig ist.

Fertig ist Maggies leckere „Ultra-hyper-turbo-Eis“!

Zähne putzen – aber richtig! (ab 3 Jahren)

Material:
Kopiervorlage zu „Zähne putzen – aber richtig“ (S. 49)

Durchführung:
So kann die richtige Vorgehensweise beim Zähneputzen eingeübt werden:
1. Kreisgespräch: Was ist auf den Abbildungen zu sehen?
   - Zahnpasta wird auf die Zahnbürste gegeben und angefeuchtet.
   - Die Kauflächen unten / oben werden geputzt, indem man die Zahnbürste darüber kreisen lässt.
   - Bei den Außenseiten der Zähne bürstet man von „Rot nach Weiß“, also vom Zahnfleisch zu den Zähnen.
   - Genauso geht man bei den Innenseiten der Zähne vor.
   - In einen sauberen Becher wird Wasser gefüllt und der Mund gründlich ausgespült.
   - Zum Schluss wird die Zahnbürste gesäubert.
2. Die Kinder können die Abbildungen auf dem Arbeitsblatt ausmalen. Dadurch verinnerlichen sie die Vorgehensweise beim Zähneputzen.
3. Nun kommt das praktische Üben:
   a) Zahnarztpraxen sind gern bereit, Kindergruppen zu empfangen. Hier können die Kinder an großen Gebissmodellen das Zähneputzen üben. Alternativ kann man in einer Praxis nachfragen, ob ein Gebissmodell ausgeliehen werden kann.
   In der Kreisrunde darf jedes Kind mit einer Zahnbürste an den „falschen“ Zähnen üben.
   b) Und jetzt das Ganze vor dem Spiegel: Dazu erhält jedes Kind selbstverständlich eine eigene, mit Namen versehene Zahnbürste.

BVK • Maggie Jung: Kita aktiv „Projektmappe Ernährung“

Die Augen essen mit! (ab 4 Jahren)

Es ist nicht so leicht, Kindern (und manchen Erwachsenen) Gesundes schmackhaft zu machen. Ein paar schnelle Tricks wecken das Interesse an gesunden Zutaten und lassen Freude aufkommen. Denn die Kinder können frei nach ihrer Fantasie dekorieren und gestalten – und anschließend kosten!

Piraten-Schiffe

Zutaten: feste, große Tomaten
Arbeitsmittel: Messer, Holzspieße, weißes Papier, Schere, Holzstifte, geruchsneutraler Kleber auf Wasserbasis
Zubereitung:

1. Aus weißem Papier Rechtecke schneiden (etwa 8 x 3 cm) und Piraten-Motive (Totenkopf, Säbel, Augenklappe etc.) darauf malen.
2. Rechtecke in der Mitte einmal falten und als „Flagge" um den Holzspieß kleben.
3. Tomaten waschen, vierteln und den grünen Strunk jeweils entfernen.
4. Flaggen vorsichtig in die Tomaten-Viertel stecken.

Ahoi!

Herzlich-gern-Brote

Zutaten: festes Vollkornbrot oder Schwarzbrot, Margarine
Brotbelag nach Belieben
Arbeitsmittel: größere Herz-Ausstechformen (im Bastel- oder Haushaltswarengeschäft erhältlich), Unterlage
Zubereitung:
Aus dem Brot Formen ausstechen und nach Herzenslust belegen. Schmeckt herzlich!
Variante: Man kann auch eine „Blumenwiese" oder ein „Adventfrühstück" mit entsprechenden Formen gestalten.

Bunte Gesichter

Zutaten: dicke Kohlrabi, Möhren, Petersilie, Mais, kleine Gewürzgurken
Arbeitsmittel: Frühstücksbrettchen, Messer, Sparschäler, Sieb
Zubereitung:

1. Kohlrabi und Möhren schälen und beides in dünne Scheiben schneiden. Petersilie waschen und abtropfen lassen. Maiskörner abspülen und ebenfalls abtropfen lassen. Gewürzgurken in längliche Scheiben schneiden.
2. Die Kohlrabi-Scheibe ist der Kopf. Nach Belieben gestalten die Kinder darauf „ihr" Gesicht: zum Beispiel Petersilie als Haare, Möhrenscheiben als Augen, Gurkenscheiben als Nase und Ohren; aus Maiskörnern wird der Mund gelegt.

Und dann schmausen!

Igel

Hier können die Kinder selbst kaum Hand anlegen, dennoch begeistert der Igel und lässt so manches Kind wieder gern in das Obst beißen.
Zutaten: Äpfel
Arbeitsmittel: Messer, 1 Apfelausstecher
Zubereitung:

1. Äpfel waschen, halbieren und Kerngehäuse in der Mitte herausstechen (Erzieherin!).
2. In die Oberseite der Apfelhälften mehrmals mit dem Apfelausstecher hineinstechen und die Fruchtstücke, die man dabei herauszieht, wieder zu einem Drittel zurück in das jeweilige Loch stecken.

Vorsicht beim Zubeißen! Stachelig!

Vegetarisches (ab 4 Jahren)

Bei den folgenden Rezepten können die Kinder viele Arbeitsschritte selbst übernehmen. Es empfiehlt sich, im Vorfeld die Rezepte mit den kleinen Köchen durchzusprechen und Zuständigkeiten zu klären: Wer gibt die Zutaten in die Schüssel? Wer rührt? Wer schaltet den Backofen ein? So wird gewährleistet, dass alle beteiligten Kinder ihrem Alter entsprechend berücksichtigt werden.

Bananen-Mango-Kuchen

Zutaten:

180 g Vollkornmehl, 2 Teelöffel Natron, ½ Teelöffel Zimt, 1 Prise Muskatnuss, 3 reife Bananen (zerdrückt), 75 g Zucker, 4 Esslöffel Öl, 200 g Mango, geschält und gewürfelt (alternativ auch Ananas oder Pfirsiche), Margarine (zum Einfetten der Kastenform)

Arbeitsmittel:

Backofen, Kastenform, 2 Schüsseln, Löffel, Messer, Gabel

Zubereitung:

Den Ofen auf 170 °C (Heißluft entsprechend weniger) vorheizen und die Kastenform einfetten. Mehl, Natron, Zimt und Muskatnuss in einem Gefäß gut mischen. Bananen in eine weitere Schüssel geben und mit Zucker und Öl vermengen. Danach das Mehlgemisch hineingeben und unterrühren sowie die Mangostücke unterheben. Teig in die Form füllen und ca. 40 – 45 Minuten backen. Abkühlen lassen und aus der Form lösen.

Vogel-Nester (ergibt ca. 12 – 16 Nester)

Zutaten:

400 g Makkaroni (gibt es auch eifrei), 3 Gläser (à 350 ml) vegetarische Bolognese*, 250 g Hafer- oder Soja-Cuisine, 200 g geriebener Käse (mit mikrobiellem Lab oder alternativ: 200 g veganer Käse), Öl

Arbeitsmittel:

Backofen, Backblech, Topf, Sieb, Herd

Zubereitung:

Den Ofen auf 200 °C (Heißluft entsprechend weniger) vorheizen und ein Backblech einölen.
Makkaroni al dente kochen, anschließend gut abtropfen lassen. Aus je einigen Makkaroni einzelne runde Nester formen (Durchmesser ca. 8 cm) und nebeneinander auf das Backblech setzen.
Vegetarische Bolognese in die Nester füllen, Hafer- oder Soja-Cuisine über die Nudelränder träufeln.
Geriebenen Käse über die Nester streuen. 20 – 25 Minuten backen.
(* erhältlich in vielen Supermärkten, ansonsten auch in Drogerien, Reformhäusern und Bioläden)

Maggies Apfelnascherei

Zutaten:

400 g Äpfel, etwas Wasser, Zimt, 100 g vegane Gewürzkekse, 1 Päckchen Sahnesteif (8 g), 2 Päckchen Vanillezucker, 50 g Zucker, 200 ml pflanzl. Schlagcreme, 200 g veganer Skyr

Arbeitsmittel:

Messer, Herd, Topf, kleine Schale, Rührschüssel, Handmixer, Rührlöffel, Gläser

Zubereitung:

Die Äpfel schälen, entkernen und in kleine Stücke schneiden. Mit etwas Wasser und Zimt aufkochen, bis sie weich, aber noch bissfest sind. Die Zimtapfelstückchen vom Herd nehmen und abkühlen lassen. In einer kleinen Schale Sahnesteif, Vanillezucker und Zucker mischen. Die pflanzliche Schlagcreme in einer Rührschüssel mit dem Handmixer 30 Sekunden aufschlagen. Dann die Zuckermischung einrieseln und dabei weiter mixen. Zu der geschlagenen Creme den Skyr hinzufügen und mit einem Rührlöffel unterrühren (Nicht zu lange rühren!). Die Kekse zerbröseln. Alles wie folgt in die Gläser schichten:
Abwechselnd etwa 20 g Creme, etwas Keksbrösel und die Zimtapfelstückchen schichten.
Mit einer Schicht Creme enden und mit einer Prise Zimt bestäuben.
Die Gläschen für ca. 2 Stunden in den Kühlschrank stellen und dann genießen – lecker!

BVK • Maggie Jung: Kita aktiv „Projektmappe Ernährung“

Bilder-Kopiervorlage von Zutaten und Haushaltsgegenständen (1)

Brötchenschnecke:

Ultra-hyper-turbo-Eis:

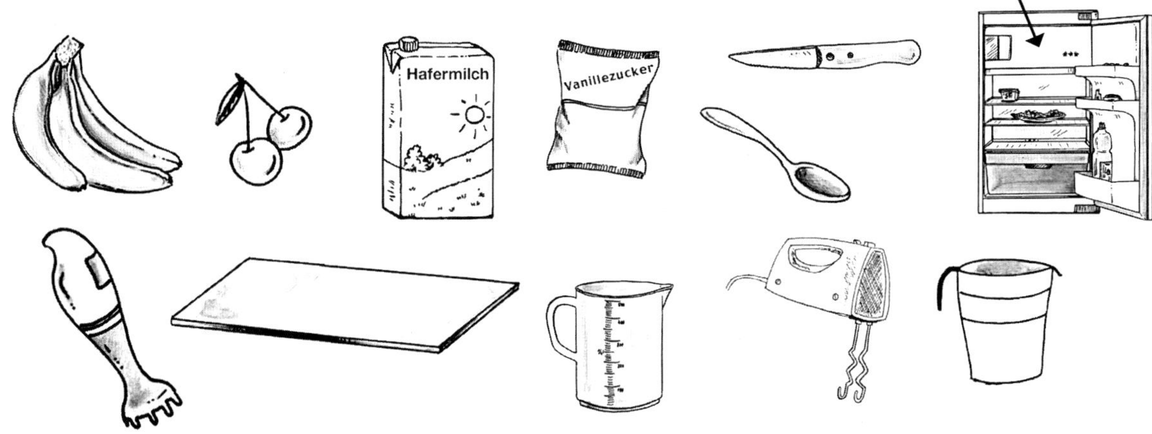

Piraten-Schiffe:

Herzlich-gern-Brote:

Bilder-Kopiervorlage von Zutaten und Haushaltsgegenständen (2)

Bunte Gesichter:

Igel:

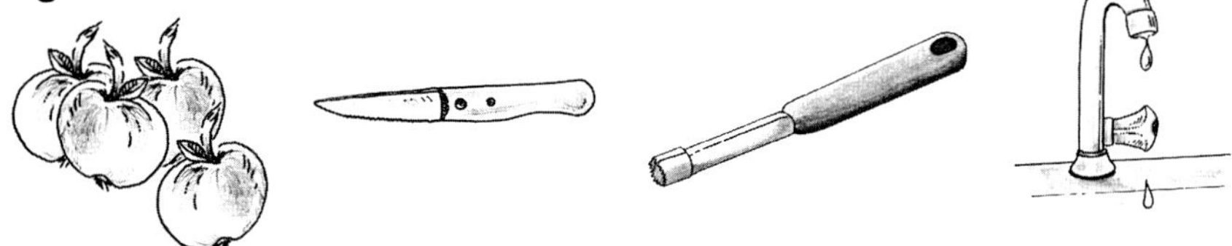

Bananen-Mango-Kuchen:

Vogel-Nester:

Maggies Apfelwolke:

Kopiervorlage zu „Zähne putzen – aber richtig!“

1.

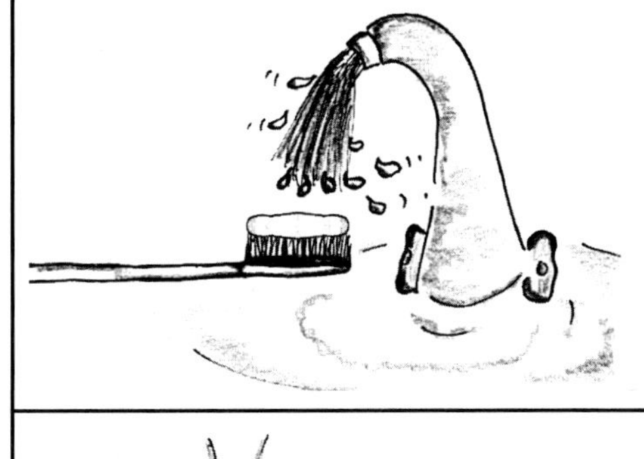

2.

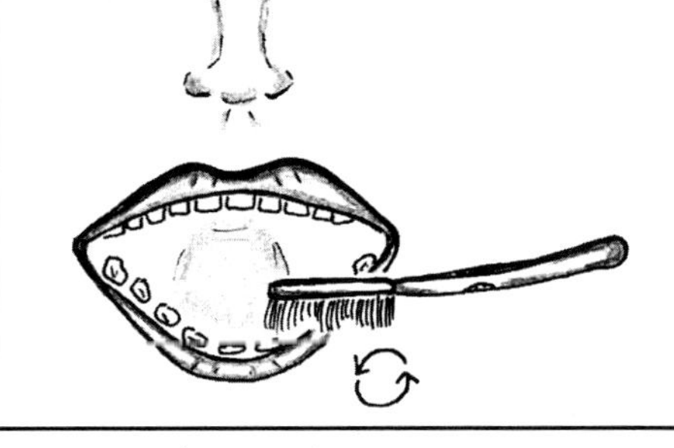

3.

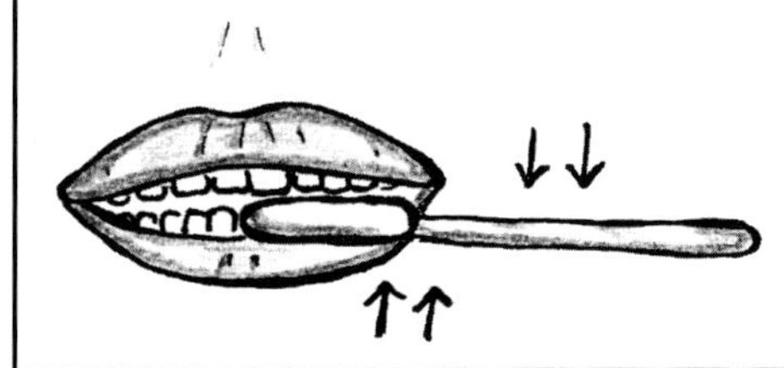

4.

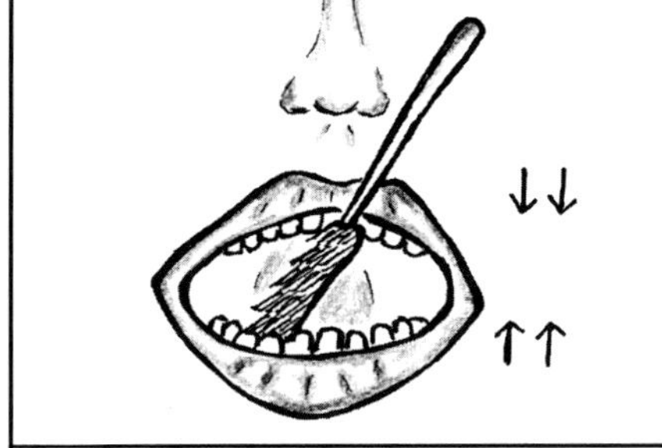

5.

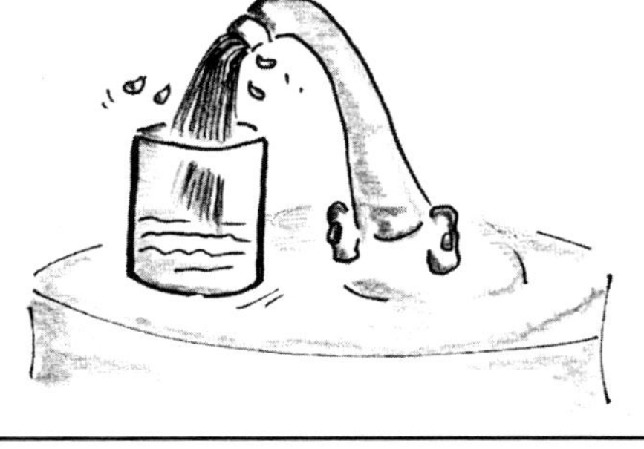

6.

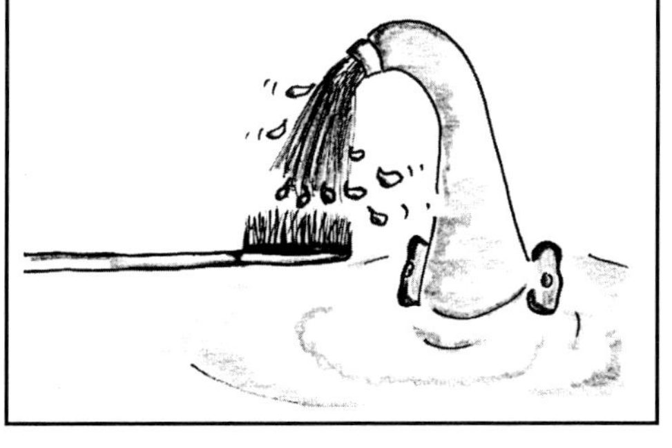

Was ist hier gesund – und was nicht? (ab 4 Jahren)

Male zu den Lebensmitteln,
die gesund sind, ein lachendes Gesicht: 

Male zu den Lebensmitteln,
die **nicht** gesund sind, ein trauriges Gesicht: 

BVK • Maggie Jung: Kita aktiv „Projektmappe Ernährung“

Wenn ich einmal krank bin ... (ab 2 Jahren)

Bei kleineren Wehwehchen können einfache Mittel helfen, den Körper bei der Gesundung zu unterstützen. Diese Tipps können gemeinsam mit den Kindern ausprobiert werden, auch – oder erst recht – wenn (noch) keine Erkrankung vorliegt. Die Kinder werden nicht schlecht staunen, welche Nahrungsmittel unserem Körper (und Geist) helfen können!

Heiserkeit: *Milch-Honig-Trunk:* 1 Tasse Milch erhitzen und 1 Teelöffel Honig oder Fenchelhonig hineinrühren. Schluckweise warm trinken.

Halsschmerzen: *Zitronentrunk:* 1 Zitrone frisch pressen (und evtl. mit etwas Wasser verdünnen). 1 Esslöffel voll Saft in den Mund nehmen, den Mundraum spülen und anschließend hinunterschlucken.

Magen- / Darmverstimmung und -unregelmäßigkeiten: *Apfelbrei (bei Durchfall):* 1 Apfel waschen und mitsamt Schale reiben. Den Brei eine Zeit lang stehen und bräunlich werden lassen, ab und zu umrühren. Langsam essen.
Bananen (bei Durchfall und Verstopfung): Bananen regulieren den Darm.
Sauerkrautsaft (bei Verstopfung): Gelegentlich 1 Esslöffel voll trinken.

Erkältung allgemein: *Zwiebelteller:* Sehr einfach: 1 große Zwiebel wird in Scheiben geschnitten, auf einem Teller verteilt und nachts neben das Bett gestellt.

Husten: *Zwiebelsirup:* 5 Zwiebeln werden in Scheiben geschnitten und mit 8 Esslöffeln Honig versetzt. Das Ganze 24 Stunden abgedeckt stehen lassen, zwischenzeitlich umrühren. Anschließend in ein verschließbares Gefäß füllen und im Kühlschrank aufbewahren. Kinder können davon dreimal täglich 1 Teelöffel einnehmen.
Tipp: Bei Kindern, die sehr schnell zu starken Blähungen neigen, die Dosis verringern.

Erschöpfung (geistige sowie körperliche): *Molke-Honig-Trunk:* In ein Glas Molke (z. B. im Reformhaus erhältlich) werden 2 Teelöffel Honig eingerührt.

Insektenstiche: *Zwiebelringe:* 1 frischen Zwiebelring flach auf die Stichstelle legen. Ist die Schwellung abgeklungen, lässt sich ein etwaiger Stachel besser entfernen.

Entzündungen / leichte Verstauchungen / leichter (!) Sonnenbrand: *Quarkwickel:* Nicht bei offenen Wunden anwenden! Auf ein sauberes Küchentuch wird eine Schicht kalter Quark zentimeterdick aufgetragen und auf die Schwellung gelegt. Mit einer Bandage fixieren. Nach einigen Minuten erneuern bzw. den Quark von der Haut abwaschen.

Und last but not least
Bunter Obstteller: Vitaminreich und erfrischend für Körper, Geist und Seele. Wer täglich eine Portion Fruchtsalat isst, versorgt sich mit den wichtigsten Vitaminen und kann so Krankheiten vorbeugen.
Das Obst gründlich waschen, klein schneiden und allenfalls mit etwas Honig süßen.
Nach Belieben kann man auch Sonnenblumenkerne oder gehackte Nüsse zugeben.

Ordne die Formen zu! (ab 5 Jahren)

Welche Lebensmittel passen zu welcher Form?

Verbinde mit Linien.

BVK • Maggie Jung: Kita aktiv „Projektmappe Ernährung“

Logische Reihen (ab 5 Jahren)

Was gehört in die leeren Kästchen? Zeichne es hinein.

1.

2.

3.

4.

Domino „Äpfel" (ab 4 Jahren)

Arbeitsanleitung:
Seite 3 x kopieren und diese auf Karton kleben, Kärtchen entlang der gepunkteten Schneidelinien ausschneiden (man erhält 42 Bildpaare) und laminieren. Die Apfelblätter sind die „Joker".

BVK • Maggie Jung: Kita aktiv „Projektmappe Ernährung"

Wie viele Kirschen sind es? (ab 4 Jahren)

Zähle die Kirschen und schreibe die richtige Zahl in die Kästchen.

Die Zahlen spielen Verstecken (von 4 bis 6 Jahren)

1. In diesem Kürbisgesicht haben sich Zahlen versteckt.
   Findest du sie alle? Benenne sie.
2. Schreibe die Zahlen, die du gefunden hast, in die Kästchen.
3. Suche dir aus dem Kürbis jeweils zwei oder drei Zahlen aus und addiere sie.
   Beispiele: 2 + 3 = 5 oder 3 + 1 + 2 = 6

BVK • Maggie Jung: Kita aktiv „Projektmappe Ernährung“

Was ist es? **(ab 4 Jahren)**

Verbinde jeweils die Zahlen von 1 bis 10.

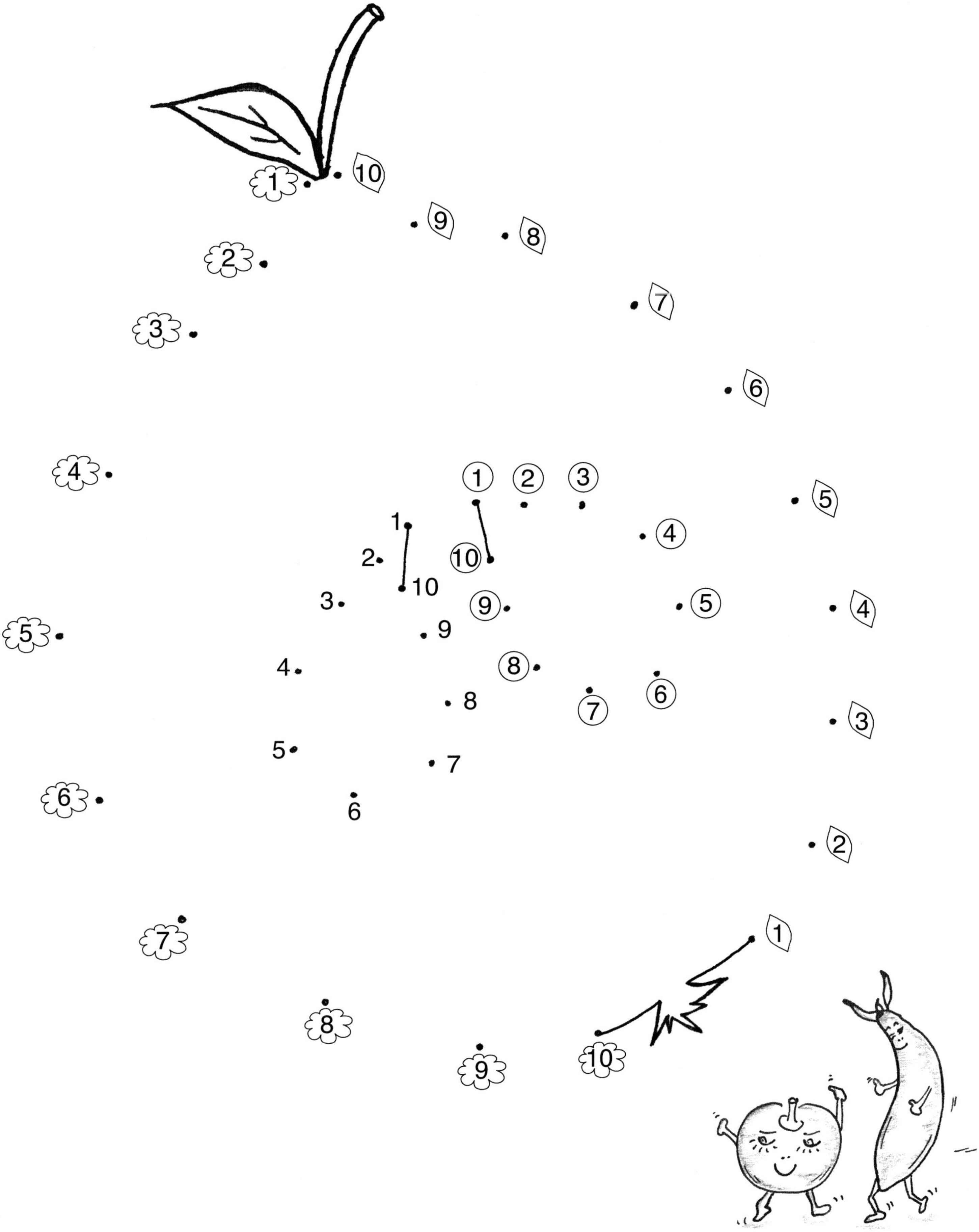

Würfelspiel „Salatköpfe“ (ab 3 Jahren)

Material:
Spielfeld-Vorlage (S. 59), Buntstifte (Rot, Orange, Grün, Blau, Gelb), Tonkarton, Laminiergerät, Klettband, doppelseitiges Klebeband, Salatköpfe (Herstellung s. S. 60), 4 Spielfiguren (Rot, Orange, Blau, Gelb), Würfel, Schere

Die Spielidee – worum es geht:
Jeder Mitspieler möchte ein Salatbeet anlegen. Doch das scheint nicht so einfach zu sein, denn die unterschiedlichen Wetterverhältnisse können es den Gärtnern schwermachen. Wer kann am Ende die meisten reifen Salatköpfe ernten? – Das Würfelspiel eignet sich für vier Spieler.

Vorbereitung:
Die Spielfeld-Vorlage auf DIN A3 (141 %) hochkopieren und die Illustrationen von mehreren Kindern mit Buntstiften ausmalen lassen. (Achtung: Die runden Felder mit den lachenden Gesichtern werden blau, die mit den traurigen Gesichtern orange angemalt. Die Gartenbeete erhalten jeweils eine rote, orange, blaue bzw. gelbe Umrandung). Anschließend das Spielfeld auf einen Karton kleben und laminieren. Die Salatbeete werden komplett mit Klettband (weiche Seite) versehen (s. Schraffierung auf der Kopiervorlage „Spielfeld“), indem man dieses mit doppelseitigem Klebeband fixiert. Zur Herstellung der „Salatköpfe“ siehe Seite 60.

Werden die Piktogramme auf dem Spielfeld (Schilder an den „Aktivfeldern“) vor Spielbeginn erarbeitet, können die Kinder anhand dieser Bildersprache auch selbst erkennen, was an den jeweiligen „Aktivfeldern“ zu tun ist. Und schon kann es losgehen!

Spielregeln:
Es wird im Uhrzeigersinn gewürfelt. Kommt man auf ein blaues oder oranges „Aktivfeld“, liest die Erzieherin die entsprechende Anweisung vor bzw. können die Kinder anhand der Piktogramme die Anweisung selbst erfassen. Erreicht ein Spieler das Zielfeld (die Würfelpunktzahl muss genau auskommen!), ist das Spiel beendet. Er ist aber nicht unbedingt Sieger des Spiels, denn es kommt auf die Anzahl der Salatköpfe an: Wer das Zielfeld als Erster erreicht hat, erhält 4 Salatköpfe für sein Beet gratis. Der Mitspieler, der dem Ziel am zweitnächsten ist, erhält 3 Salatköpfe gratis, der Mitspieler an dritter Stelle 2 Salatköpfe und der dem Zielfeld noch am weitesten entfernte Spieler bekommt 1 Salatkopf gratis.
Die Salatköpfe in den einzelnen Beeten werden gezählt. Wer nun die meisten hat, ist Sieger!

Die Aktivfelder (s. Nummerierung in den „Nasen“ der Smileys): 

Feld 1: Heute ist ein warmer, sonniger Tag. Du kannst die Erde in deinem Beet lockern und sie so für die Saat vorbereiten. *Hefte 1 Salatkopf in dein Beet!*

Feld 2: Ein starker Platzregen hat dein Beet so schlimm zugerichtet, dass du noch nicht säen kannst. *Gehe 4 Felder zurück!*

Feld 3: Heute kannst du den Salat aussäen. Angießen nicht vergessen! *Du darfst 1 Salatkopf in dein Beet heften und 3 Felder vorgehen!*

Feld 4: Die Sonne hat wenig geschienen, dein Salat wächst nur sehr langsam. *Setze eine Runde aus!*

Feld 5: Eine Woche Sonnenschein und ab und an ein warmer Regen: So sind deine Salatköpfe sehr, sehr schnell gewachsen! *Deshalb darfst du gleich 2 Salate in dein Beet heften!*

Feld 6: Manche Samen sind nicht aufgegangen, daher wächst an ein paar Stellen im Beet kein Salatkopf. *Leider musst du 1 Salat aus deinem Beet entfernen. (Hast du in deinem Beet noch gar keinen Salatkopf, so musst du 3 Felder zurückgehen!)*

Feld 7: Du düngst dein Beet mit etwas Pferdemist. So bekommst du schöne, große Salatköpfe. *Hefte 1 Salatkopf in dein Beet; außerdem darfst du noch einmal würfeln!*

Feld 8: Unzählige Schmetterlings-Raupen sitzen in deinen Salatköpfen und fressen eifrig daran. Du möchtest alle Raupen einsammeln und sie an anderer Stelle aussetzen, wo sie kein Beet schädigen können. Der Mitspieler links neben dir hilft dir dabei. *Dafür gibst du an ihn 1 Salatkopf aus deinem Beet ab! (Hast du in deinem Beet noch keinen Salatkopf, darf dein linker Nachbar nun zweimal würfeln.)*

Kopiervorlage zu „Würfelspiel Salatköpfe" (1) (ab 3 Jahren)

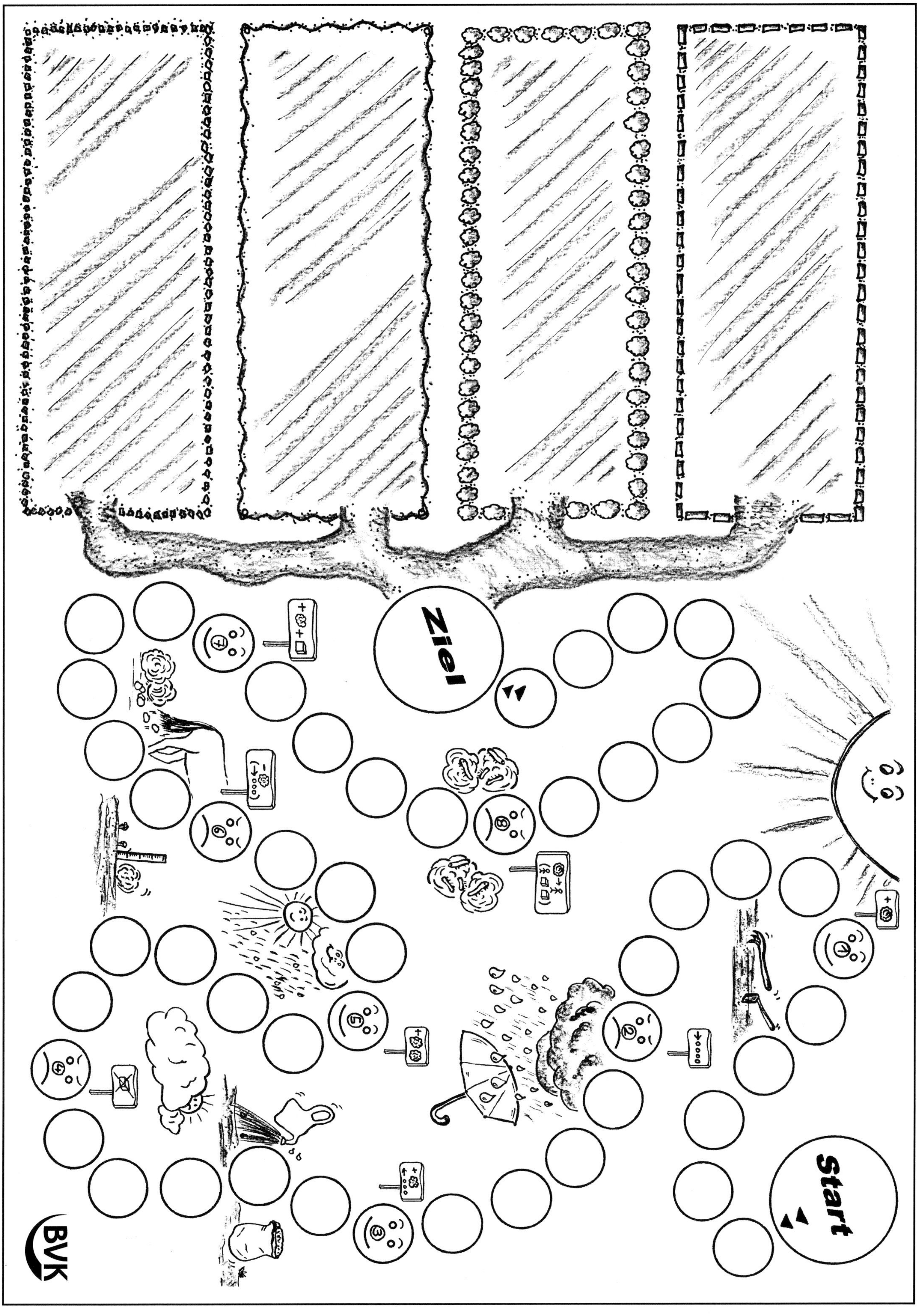

Ziel

Start

BVK

Kopiervorlage zu „Würfelspiel Salatköpfe“ (2) (ab 3 Jahren)

Herstellung „Salatköpfe“:
Die Salatköpfe auf 141 % hochkopieren. Alle grün anmalen, anschließend sorgfältig ausschneiden (Erzieherin und / oder ältere Kinder) und laminieren. Alle Salatköpfe werden auf der Rückseite ebenso mit Klettband (raue Seite) versehen (s. auch „Vorbereitung“, S. 58), sodass sie auf den Gemüsebeeten haften können.

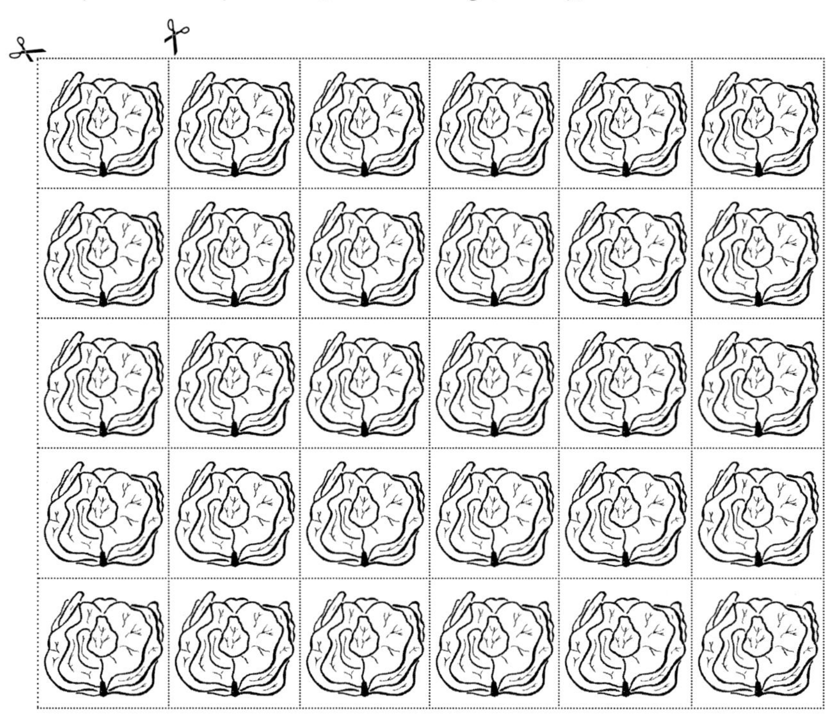

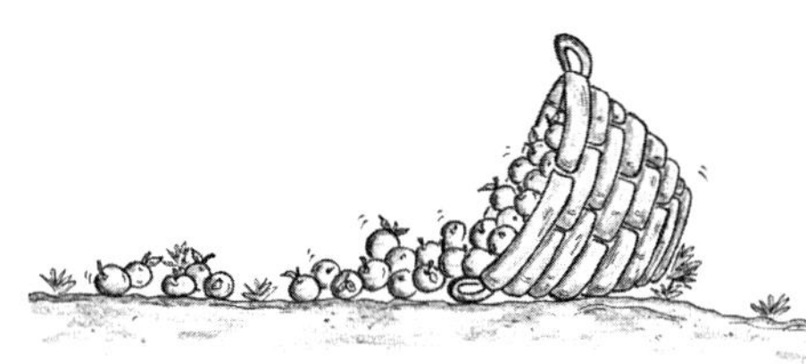

BVK • Maggie Jung: Kita aktiv „Projektmappe Ernährung“

Wir kaufen ein! (ab 4 Jahren)

Material:
Schautafel „Wir kaufen ein!“ (S. 61), ggf. Rechenhilfen (z. B. Knöpfe)

Spielregeln:
Die Erzieherin kauft ein: „Ich möchte 1 Brot und 1 Tüte Äpfel. Wie viel muss ich bezahlen?“ Das Kind ist die „Verkäuferin“: Anhand der Preisschilder auf der Schautafel rechnet es den Betrag aus. Je nach Alter der Kinder können hier selbstverständlich Rechenhilfen benutzt werden (z. B. Knöpfe).

Variante für die Begabtenförderung:
Die Erzieherin kauft ein (wie oben) und bezahlt jeweils mit einem 10-Euro-Schein: „Wie viel Euro Rückgeld bekomme ich?“ Das Kind rechnet die entsprechende Minusaufgabe.

BVK • Maggie Jung: Kita aktiv „Projektmappe Ernährung“

Schautafel zu „Wir kaufen ein!“

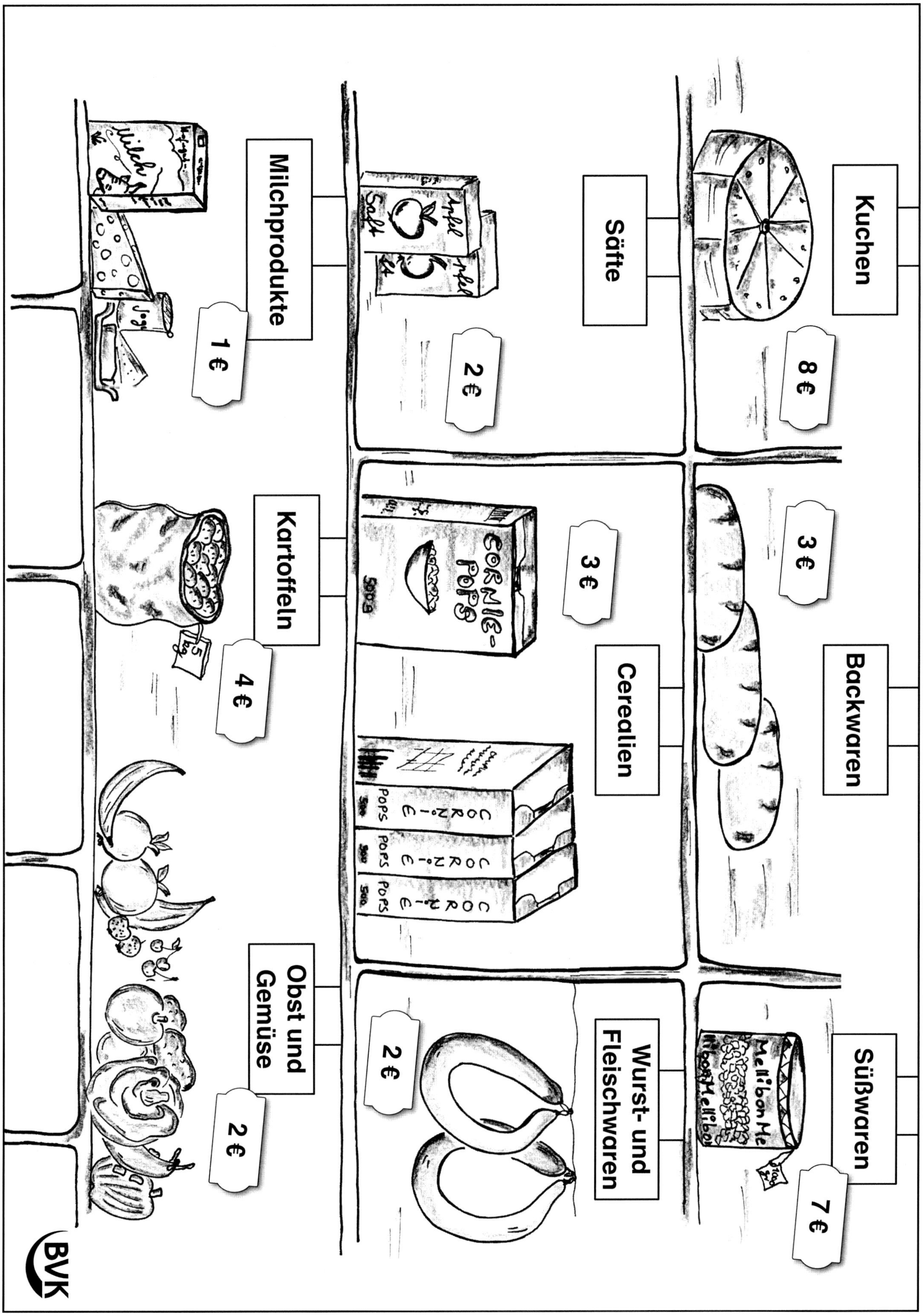

Kuchen 8 €

Backwaren 3 €

Süßwaren 7 €

Säfte 2 €

Cerealien 3 €

Wurst- und Fleischwaren 2 €

Milchprodukte 1 €

Kartoffeln 4 €

Obst und Gemüse 2 €

BVK

Wir laden ein zum großen Obst- und Gemüsefest!

Liebe(r) ____________ !

Ich möchte euch / dich ganz herzlich zu unserem großen **Obst- und Gemüsefest** einladen! Es gibt viel zu erleben: Spiele, Lieder, Tänze und eine tolle Ausstellung! Auch für das leibliche Wohl ist gesorgt mit gesunden Snacks und Cocktails!

Unser Fest findet statt am ____________

im Kindergarten ____________

in der Gruppe ____________ !

Ich freue mich sehr auf euch / dich!

Dein(e) ____________

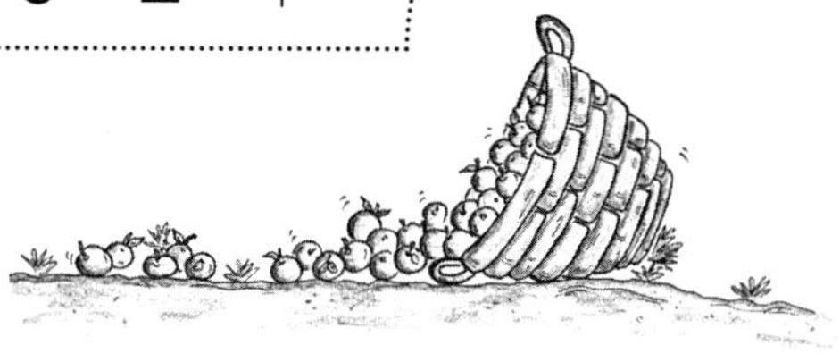

BVK • Maggie Jung: Kita aktiv „Projektmappe Ernährung“

Erdbeer-Einladungen (ab 5 Jahren)

Material:
Vorlagen „Erdbeer-Einladungen“ (S. 63), rotes Tonpapier, Kohlepapier, Bastelschere oder Prickelnadel mit Prickelkissen, Cutter, Klebestift

Arbeitsanleitung:

1. Die Vorlage auf 141 % vergrößert kopieren.
2. Die vergrößerte Vorlage mit Hilfe von Kohlepapier auf rotes Tonpapier übertragen. Man erhält „Erdbeer-Teil 1“ und „Erdbeer-Teil 2“.
3. „Erdbeer-Teil 1“ entlang der dicken Außenkontur **(a)** und „Erdbeer-Teil 2“ entlang der dicken Außenkontur **(c)** ausschneiden oder ausprickeln. **Achtung:** Bei „Erdbeer-Teil 2“ nicht versehentlich den Stiel und die Blätter abschneiden.
4. In den schraffierten Bereich **(b)** des „Erdbeer-Teils 1“ die Einladung schreiben oder die kopierte Einladung (s. o.) passend einkleben.
5. „Erdbeer-Teil 2“ entlang der gepunkteten Linie **(d)** mit dem Cutter vorsichtig einschneiden (Erzieherin!).
6. Auf der Vorderseite entlang des gesamten Außenrandes von „Erdbeer-Teil 1“ Kleber auftragen **(f)** und „Erdbeer-Teil 2“ passgenau daraufkleben, sodass die beiden Teile an ihren Rändern rundum miteinander verbunden sind.
7. Entlang der gestrichelten Linie **(e)** die rechte Hälfte von „Erdbeer-Teil 2“ nach außen knicken.

Fertig!

BVK • Maggie Jung: Kita aktiv „Projektmappe Ernährung“

Kopiervorlage zu „Erdbeer-Einladungen“

Erdbeer-Teil 1

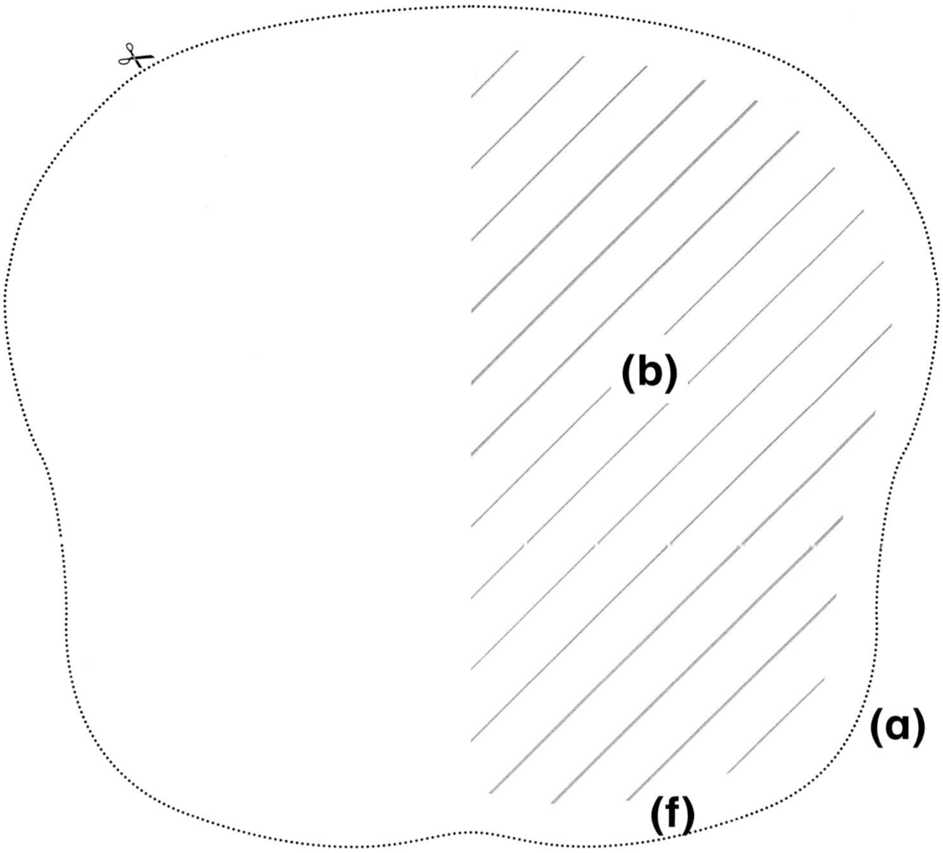

(b)

(a)

(f)

Erdbeer-Teil 2

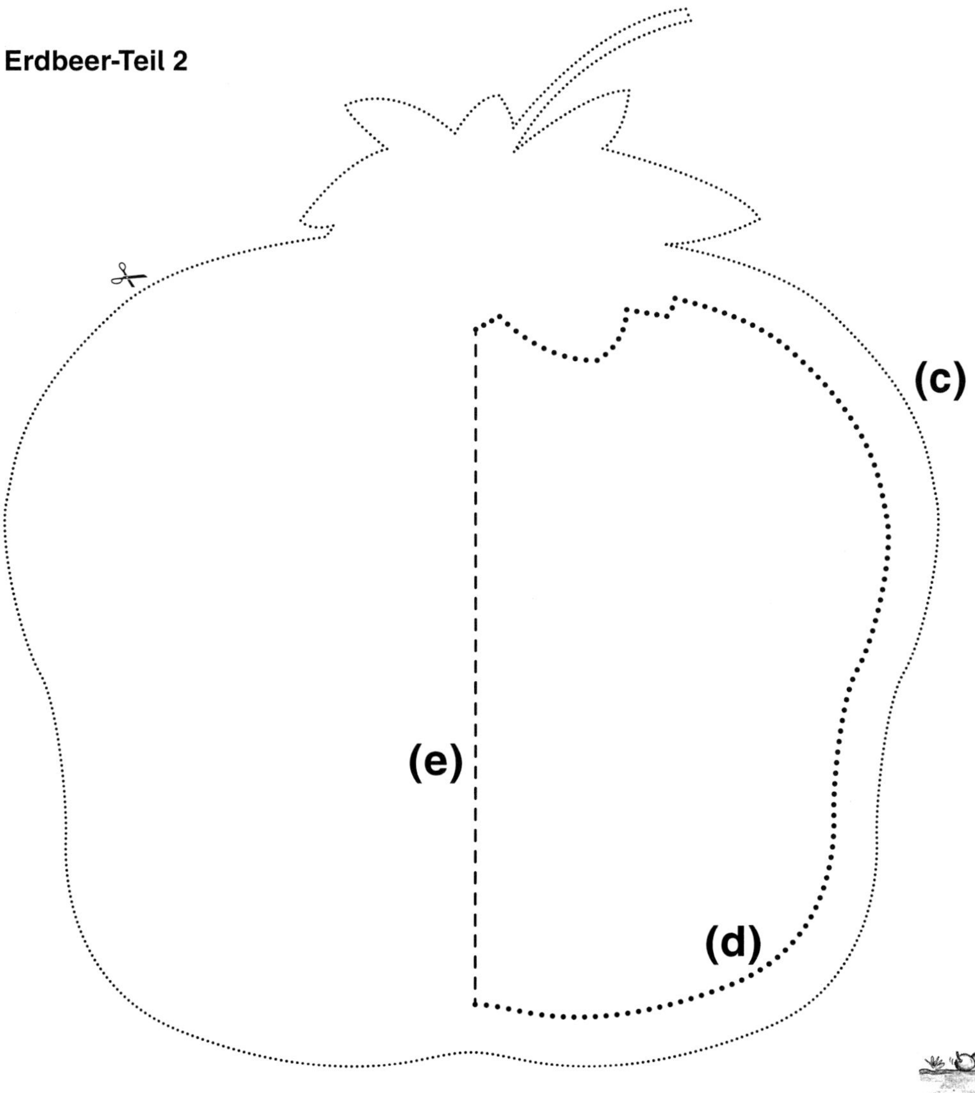

(c)

(e)

(d)

hier entlang ausschneiden / prickeln
an der Linie einschneiden
das Tonpapier knicken / aufklappen
in diesen Bereich die Einladung (Text) kleben

„Liebe Leute, Groß und Klein“ (ab 4 Jahren)

Vorschlag für den Verlauf des Festes mit geladenen Gästen:

- Begrüßung der Gäste durch fünf „Köche“, die das Gedicht „Liebe Leute, Groß und Klein“ (s. rechts) vortragen
- Vortrag des Liedes „Marmeladenbrot“ (S. 19)
- Durchführung von Spielen (z. B. auf den S. 76–77 und 79–80), in die auch die Erwachsenen eingebunden werden können
- Gemeinsames Essen selbst zubereiteter Speisen (z. B. S. 43–46)
- Trommelvorführung (S. 20–23)
- Lied „Gemischter-Salat“ (S. 24)
- Vorführung des Fit-mach-Raps: die Gäste machen mit! (S. 25)

Liebe Leute, Groß und Klein,
kommt nur alle hier herein!

Wir freuen uns, mit euch zu lachen
und tolle Sachen nun zu machen:

Spielen, Tanzen, Toben, Springen,
Essen, Trinken und auch Singen.

Habt ihr gute Laune, Leute?
So lasst's euch gut geh'n bei uns heute!

Unser Fest, das wird ein Hit,
drum macht nun alle fleißig mit!

Herzlich willkommen!

© Maggie Jung

Hinweis:
Das Gedicht kann von insgesamt fünf Kindern auswendig gelernt (jeweils nur zwei Zeilen) und vorgetragen werden.
„Herzlich willkommen!“ sprechen dann am Schluss alle gemeinsam.

BVK • Maggie Jung: Kita aktiv „Projektmappe Ernährung“

Raumgestaltung und Dekoration für das Fest

Den Raum kann man ausgestalten mit vielen Ergebnissen von bereits durchgeführten Angeboten.
So können die „belegten Pizzen“ (S. 31), die „gefüllten Beerenkörbchen“ (S. 26), die „Kochtöpfe“ (S. 30) und/oder die „Äpfel – einmal anders“ (S. 27) an den Wänden aufgehängt werden. Auch die „Maispüppchen“ (S. 26) können ausgestellt werden. Die Gäste freuen sich über kurze Erläuterungen zu den Arbeiten. Man kann sie in schriftlicher Form neben den Bildern und ausgestellten Sachen platzieren. Eventuell erklären sich auch einige Kinder bereit, als „Museumsführer“ den Gästen regelmäßig Auskunft zu den Arbeiten zu geben.

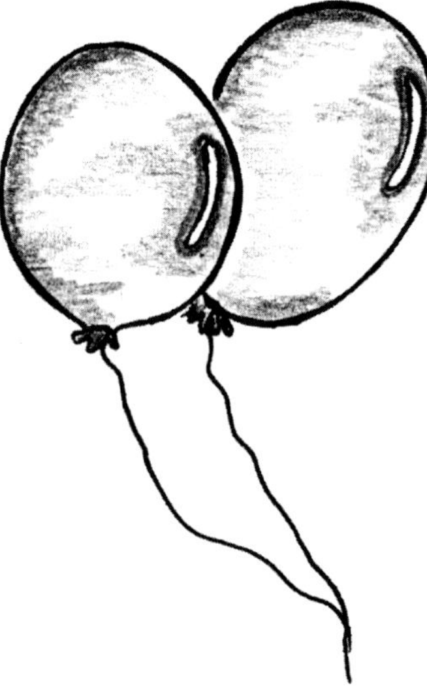

Die Tische lassen sich je nach Jahreszeit unterschiedlich mit essbaren Pflanzen und Früchten dekorieren: im Frühling und Sommer zum Beispiel mit Blüten der Kapuzinerkresse, mit Minzeblättern oder Rosmarin. Im Herbst und Winter kann man Zimtstängel auslegen oder Nüsse über die Tische streuen.
Eine Anregung für eine geeignete Serviettenfalttechnik finden Sie auf Seite 65.

BVK • Maggie Jung: Kita aktiv „Projektmappe Ernährung“

Serviettenfalttechnik: Eistüte (ab 4 Jahren)

Material:
Papierservietten, ca. 40 x 40 cm, bräunlich, beige oder ockerfarben, Tacker, längliche Eiswaffeln

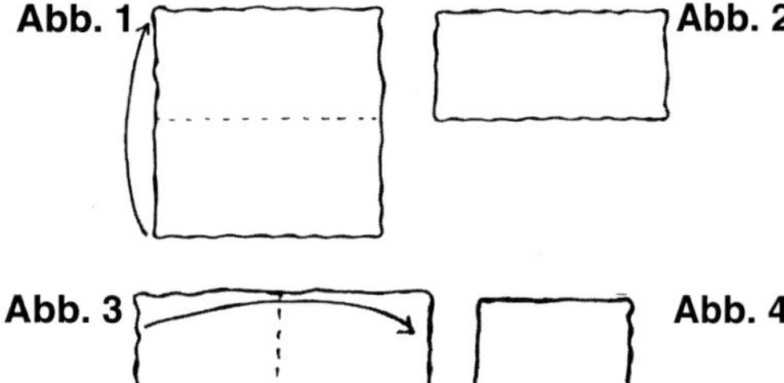

Arbeitsanleitung:

1. Die Serviette in der Mitte falten (Abb. 1 u. 2).
2. Dann nochmals mittig falten (Abb. 3 u. 4).

(Die handelsüblichen, abgepackten Servietten sind bereits wie oben geschildert gefaltet, sodass die Arbeitsschritte 1. und 2. somit wegfallen können.)

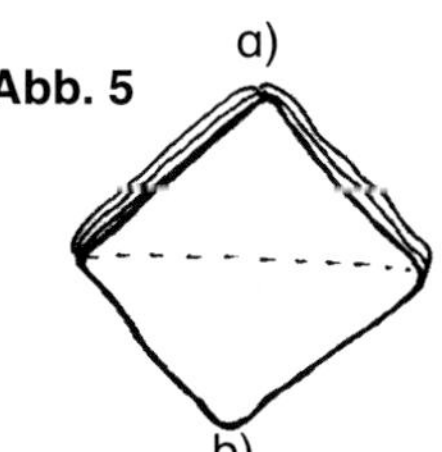

3. Die gefaltete Serviette so vor sich legen, dass die Öffnungen nach oben zeigen bzw. Ecke a) nach oben und Ecke b) nach unten zeigt. Die erste Lage mit der Ecke a) bis zur Hälfte (gestrichelte Linie, Abb. 5) nach innen einschlagen.

a)
Abb. 6
b)

4. Es entsteht eine Tasche (Abb. 6).

a)
Abb. 7
b)

5. Nun die zweite Lage nach innen (!) einschlagen, jedoch mit einem Abstand von ca. 2 cm (Abb. 7).

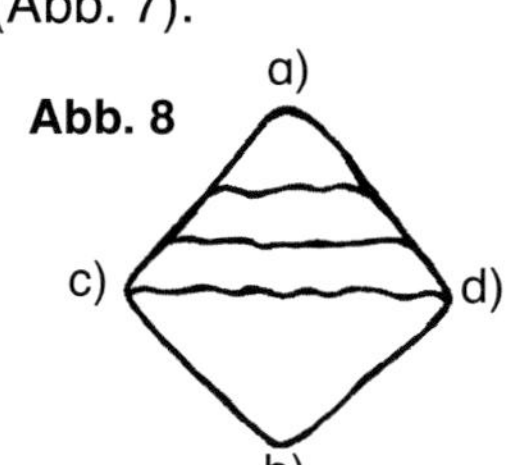

6. Auch die dritte Lage mit einem Abstand von ca. 2 cm einschlagen (Abb. 8).

7. Die Serviette wenden.

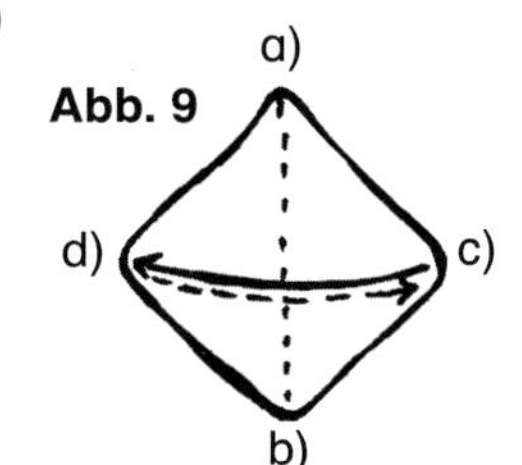

8. Dann Ecke c) auf d) falten und wieder aufklappen. Man erhält eine Mittellinie (Abb. 9).

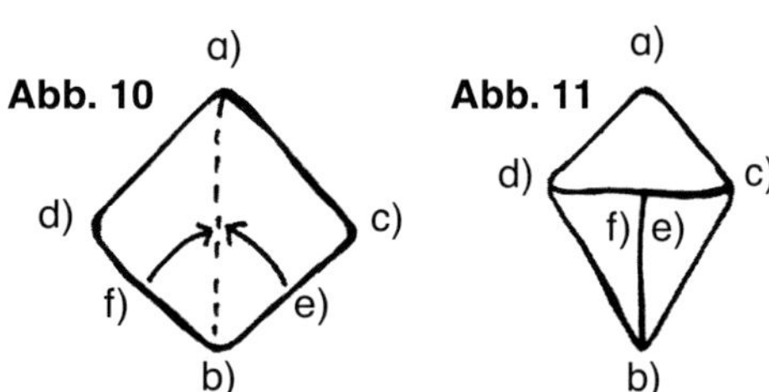

9. Die Kanten e) und f) an die Mittellinie heranfalten und zusammentackern (Abb. 10 u. 11).

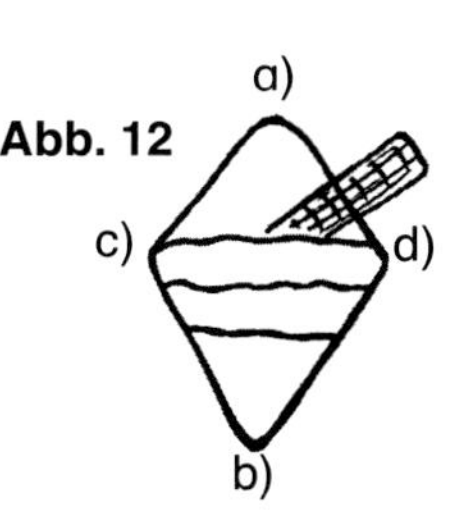

10. Serviette wenden und mit einer Eiswaffel dekorieren (Abb. 12).

Fertig!

Wortgottesdienst zum Thema „Wir feiern Erntedank“ (1)

Material:
großer Korb, Samttuch, frisches Obst, Gemüse, Fladenbrot, evtl. Getreideähren und Kräuter

Vorbereitung:
Vor dem Altar steht ein großer Korb auf einem Samttuch. In ihm befindet sich frisches Obst und Gemüse sowie Fladenbrot. Den Korb kann man auch noch mit Getreideähren und Kräutern ausschmücken.
Die Kinder sitzen in einem (oder mehreren) weiten Halbkreisbogen um den Altar und dem Korb herum.
Vor dem Korb muss noch Raum genug sein, um das Danklied dort singen und tanzen zu können.

Einführung:
Wortgottesdienstleiter:
- *Warum wollen wir Gott heute danken?* („Für unser Essen!“ *– Ja, für alles, was wir zum Essen und Trinken haben. Was zum Beispiel?)*
- *Wo kommen unsere Lebensmittel her?* („Mutter kauft sie im Supermarkt!“ *– Das ist richtig, aber wachsen die Äpfel im Supermarkt?)*
- *Wer lässt alles wachsen?* („Der Gärtner! Der Bauer!“ *– Es ist richtig, dass der Gärtner die Beete pflegt und der Bauer die Felder. Aber es ist Gott, der alle Früchte wachsen und reifen lässt.)*

Danklied: Gott lässt alles wachsen

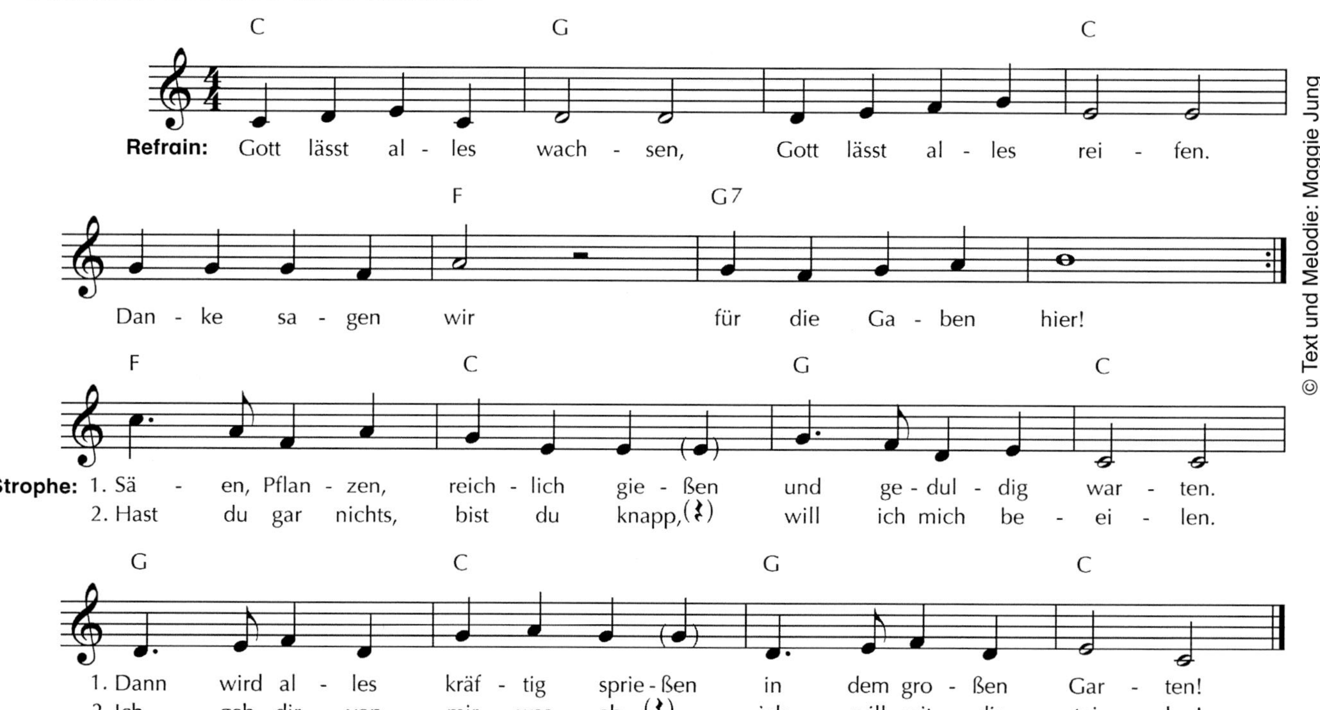

© Text und Melodie: Maggie Jung

Refrain:
Gott lässt alles wachsen,
Gott lässt alles reifen.
Danke sagen wir
für die Gaben hier!

1. Strophe:
Säen, pflanzen, reichlich gießen
und geduldig warten.
Dann wird alles kräftig sprießen
in dem großen Garten.

Refrain

2. Strophe:
Hast du gar nichts, bist du knapp,
will ich mich beeilen.
Ich geb dir von mir was ab,
ich will mit dir teilen!

Anmerkung:
Im zweiten Takt der Strophenmelodie wird bei der zweiten Strophe die Note e (in Klammern) durch eine Viertelpause ersetzt. Im sechsten Takt der Strophenmelodie wird die Note g (in Klammern) auch durch eine Viertelpause ersetzt.

Wortgottesdienst zum Thema „Wir feiern Erntedank“ (2)

Wortgottesdienstleiter:
Habt ihr auch schon einmal Kinder gesehen, die nicht so viel oder gar kein Essen hatten, zum Beispiel in eurer Kindergartengruppe, in eurer Nachbarschaft …? („Laura hat nie ein Brot dabei.“, „Sara hat nur Süßes dabei und wird beim Frühstück im Kindergarten nicht richtig satt.“, „Vater hat gesagt, die Leute, die neben uns wohnen, haben kein Geld, um sich genug Essen zu kaufen.“ – *Da habt ihr ganz viel beobachtet!)*

Eventuell kann hier auf (bereits durchgeführte) Aktionen (s. S. 84) Bezug genommen werden.

Was habt ihr da gemacht, als euch das mit Laura (Sara, der Familie von nebenan …) aufgefallen ist?
(„Ich habe Laura ein Stück von meinem Brot abgegeben.“, „Mutter hat schon mal einen Teller mit Kuchen in die Nachbarschaft gebracht.“ – *Ihr habt also geteilt!)*
Auch Jesus hat mit den Menschen geteilt und mit ihnen gemeinsam gegessen. Teilen und gemeinsam essen ist ein Zeichen der Freundschaft. Deshalb wollen auch wir jetzt dieses Brot teilen und hier gemeinsam essen.

Brot teilen:
Der Wortgottesdienstleiter nimmt ein großes Fladenbrot aus dem Korb vor dem Altar. Von dem Brot soll sich jedes Kind (und jeder Erwachsene) ein Stückchen abbrechen und den Laib dann weiter an den Nächsten reichen.
Je nachdem, wie groß die Zahl der Wortgottesdienstbesucher ist, kann der Wortgottesdienstleiter oder die Erzieherin den Refrain des Dankliedes leise auf einem Instrument spielen. Eventuell bietet es sich auch an, den Refrain mit Text an dieser Stelle leise zu singen (mit dem Hinweis, dass alle, die ihr Brotstück gegessen haben, einstimmen dürfen).

Gebet:

Alles kommt, o Gott, von dir,
für diese Gaben danken wir!

Bunte Früchte, süß und saftig,
Brot und Kräuter, herzhaft, kräftig.

Es ist einfach wunderbar,
denn von allem ist was da!

Doch vielen Menschen geht es schlecht,
das finden wir sehr ungerecht!

Manche haben gar kein Essen,
oder es ist knapp bemessen.

Lass uns, ohne zu verweilen,
immer mit den Armen teilen!

Alles kommt, o Gott, von dir,
für diese Gaben danken wir!

Je zwei bis vier Kinder können eine Strophe des Gebetes auswendig lernen, sodass das ganze Gebet dann von insgesamt 14 bis 28 Kindern vorgetragen werden kann.

Eine tolle Bananenpalme – schau genau! (ab 4 Jahren)

Vergleiche die beiden Bilder. Auf dem unteren Bild findest du fünf Fehler.
Kreise sie ein.

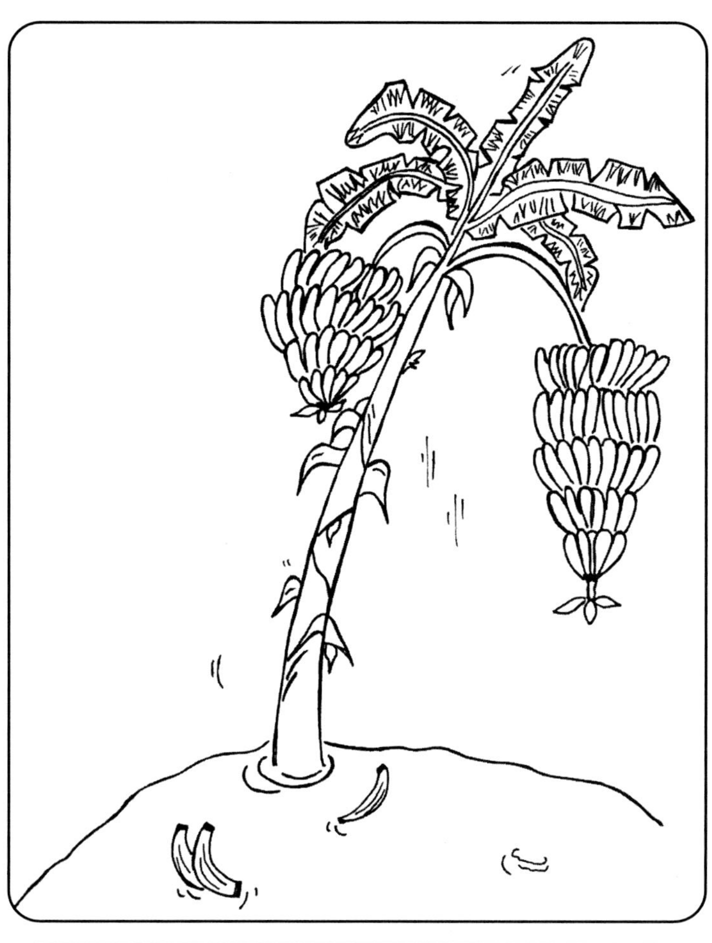

BVK • Maggie Jung: Kita aktiv „Projektmappe Ernährung“

Wer hat welches Eis genascht? (ab 4 Jahren)

Verfolge mit deinem Finger die unterschiedlichen Kleckerspuren – dann findest du heraus, welches Kind welches Eis gegessen hat.

Nahrung „aufnehmen“ mit allen Sinnen! (1) (ab 4 Jahren)

Hinweis:
Es empfiehlt sich, die Sinnesschulung in Kleingruppen von jeweils etwa fünf Kindern durchzuführen. Bitte darauf achten, dass bei Benutzung von Augenbinden jedes Kind seine „eigene“ hat und nur diese auch benutzt.

1. Schmecke ich, was ich sehe?

Material:
5 Schälchen mit Joghurt verschiedener Geschmacksrichtungen: Natur, Erdbeere, Zitrone, Nuss, Banane, 5 verschiedene Lebensmittelfarben, (max.) 25 kleine Löffel, Malblätter und Buntstifte

Vorbereitung:
Die verschiedenen Joghurtsorten werden unterschiedlich eingefärbt, und zwar mit einer eher untypischen Farbe: Erdbeerjoghurt wird zum Beispiel blau, Zitronenjoghurt grün, Nussjoghurt rot, Bananenjoghurt orange, Naturjoghurt gelb eingefärbt. Auf fünf Malblätter werden jeweils untereinander die Farben aller eingefärbten Joghurts aufgemalt (Notizblätter für die Kinder).

Durchführung:
Achtung: Bitte für jede Geschmacksprobe einen neuen Löffel verwenden! Den Kindern wird lediglich mitgeteilt, dass sie Joghurt unterschiedlicher Geschmacksrichtungen vor sich haben. Sie entscheiden selbst, welche „Farbe(-n)“ sie probieren möchten. Ihr Ergebnis können die Kinder auf den Arbeitsblättern dokumentieren, indem sie neben den Farben die entsprechende Frucht aufmalen. Haben sich die Kinder durch die falschen Farben täuschen lassen oder konnten sie sich auf ihren Geschmackssinn verlassen?
Tipp: Manche Kinder trauen sich nicht an die ungewohnten Farben heran. Eventuell kann die Erzieherin hier vorher „Probe essen“.

2. Was taste ich?

Material:
1 großer blickdichter Stoffsack, Obst und Gemüse (je nach Jahreszeit: Kiwi, Pflaume, Banane, Apfel, Kirsche, Maiskolben, Möhre, Kohlrabi, Salatgurke, Kartoffel etc.), Malblätter, Buntstifte, evtl. Augenbinden

Durchführung:
Die Lebensmittel werden im Stoffsack verstaut. Reihum darf jedes Kind vorsichtig hineintasten, den Inhalt erfühlen, aber noch nicht benennen. Auf die Malblätter malt jedes Kind auf, was es getastet hat. Wer hat die meisten Dinge erkannt?
(Tipp: Es bietet sich an, das Obst und Gemüse – außer die Kartoffel – anschließend als Kostproben zu verteilen.)

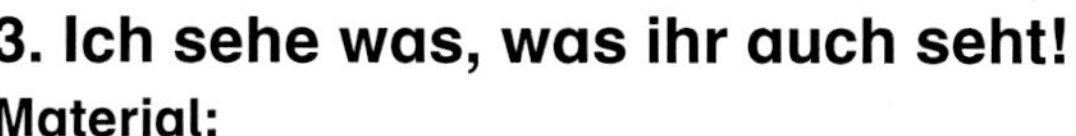

3. Ich sehe was, was ihr auch seht!

Material:
verschiedenste Lebensmittel wie Obst, Gemüse, Süßigkeiten (z. B. Schokolade, Fruchtgummi), Salzgebäck, Getränke (Limonade, Wasser, Milch), großer Tisch (evtl. 4 Kindergartentische zu einem Rechteck aneinanderstellen), 2 große Tücher in verschiedenen Farben (z. B. Rot und Gelb), Schälchen, transparente Trinkgläser

Vorbereitung:
Alle Lebensmittel werden in der Mitte des großen Tisches ausgebreitet. Manche Sachen können in Schälchen abgefüllt werden (z. B. Salzgebäck, Gummibärchen etc.). Die Getränke werden in transparente Trinkgläser gefüllt (nur etwa ⅛ Liter).

Nahrung „aufnehmen“ mit allen Sinnen! (2) (ab 4 Jahren)

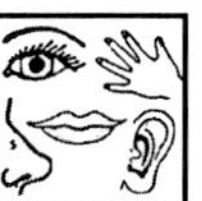

Durchführung:
Die Kinder schauen sich die Lebensmittel/Getränke gut an und benennen sie in der Runde. Je nach Aufgabenstellung sortieren sie nun alles gemeinsam und legen es auf die entsprechenden Tücher:
a) Stellt alles, was flüssig ist, auf das rote Tuch und alles, was fest ist, auf das gelbe Tuch.
b) Alles, was unter der Erde wächst … und alles, was über der Erde wächst …
c) Die gesunden Sachen … und die ungesunden …
d) Das Gemüse … und das Obst …
e) Alles, was im Garten zu finden ist … und alles, was vom Tier kommt …
usw.

4. Das riecht nach …!

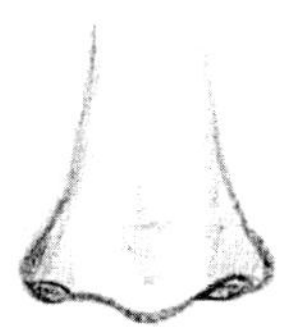

Material:
geruchsintensive Lebensmittel (z. B. Käse, Tomate, Fruchtquark, Zwiebel), Schälchen, 5 Augenbinden, Messer

Vorbereitung:
Lebensmittel evtl. zerkleinern oder aufschneiden – manche werden dadurch geruchsintensiver (z. B. geriebener Apfel, Käse) – und in Schälchen füllen.

Durchführung:
Die Kinder setzen sich ihre Augenbinden auf und riechen nacheinander zunächst am ersten Schälchen, dann erst am zweiten usw. Wer „er-riecht“ die meisten Sachen?

5. Hörst du, was ich esse?

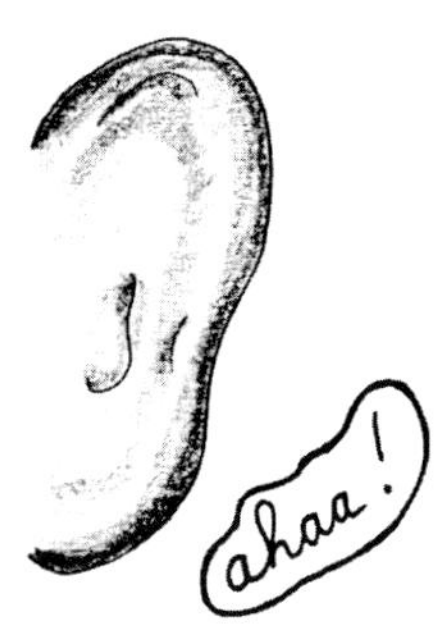

Material:
„geräuschintensive“ Lebensmittel (z. B. Möhre, Kartoffelchips ohne Paprika, Getränk, Apfel, Keks), 5 Augenbinden, Schälchen, Messer

Vorbereitung:
Lebensmittel entsprechend zum Verzehr vorbereiten (Möhre schälen, Apfel in Stücke schneiden) bzw. aus der Packung entnehmen und in Schälchen füllen.

Durchführung:
Jeweils ein Kind trägt seine Augenbinde, während ein anderes geräuschvoll zubeißt, kaut und danach fragt: „Hörst du, was ich esse?“ Dann ist das nächste Ratepärchen an der Reihe.

Hinweis:
Nach diesen Experimentierphasen kann eine kleine Gesprächsrunde stattfinden, die – je nach Alter der Kinder – mittels Impulsen gesteuert wird, zum Beispiel:

- Welches Spiel hat euch am besten gefallen? Und warum?
- Was hat euch überrascht? (z. B. … dass der grüne Joghurt eigentlich Zitronenjoghurt war … dass Möhren so laut knacken können …)
- Was möchtet ihr gern noch einmal ohne Augenbinden schmecken, riechen und tasten?

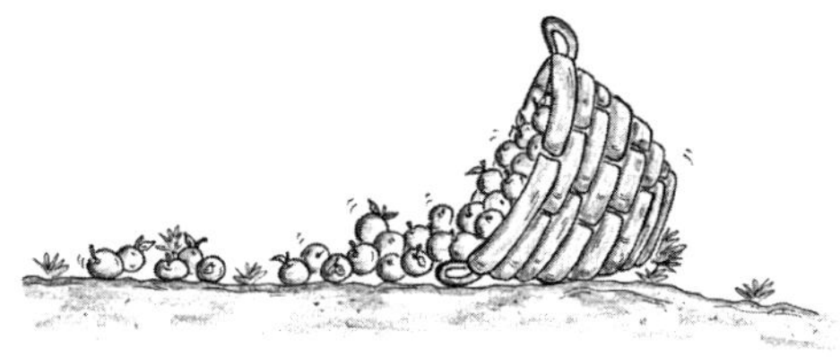

Lustige Nudeln (ab 4 Jahren)

Setze die Linien fort.

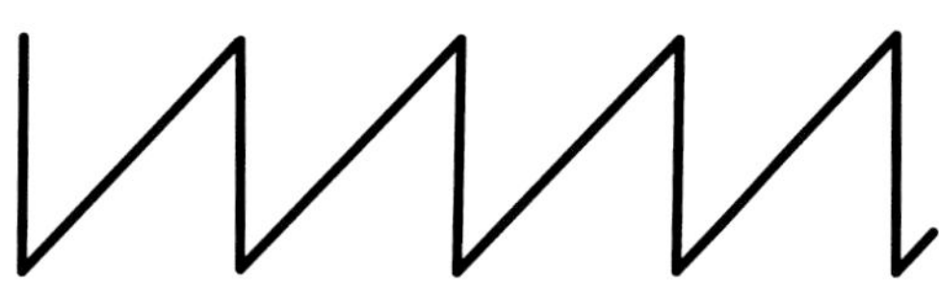

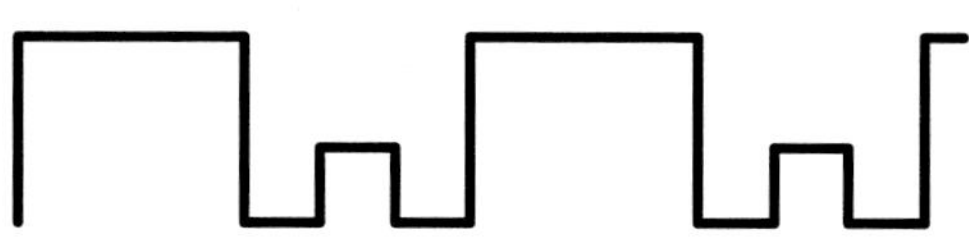

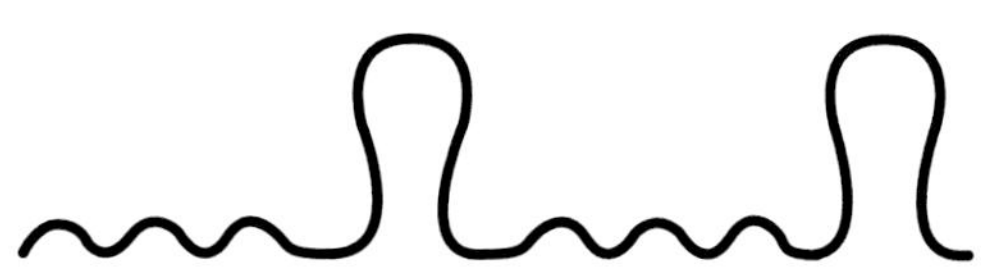

BVK • Maggie Jung: Kita aktiv „Projektmappe Ernährung“

Tipp:
Jüngere Kinder können die Linien auch mit dem Finger auf das Blatt „schreiben“!

Heute backen wir eine Pizza – ganz entspannt! (ab 3 Jahren)

Material:
pro Kinderpaar eine Decke und ein Kissen

Durchführung:
Vor dieser Übung sollte mit den Kindern darüber gesprochen werden, dass der Rücken empfindlich ist und dass alle mit dem Rücken ihres Vordermanns / ihres Partners sachte umgehen müssen.

a) Die Kinder setzen sich mit ausgestreckten Beinen hintereinander so in einen Kreis, dass sich dieser wieder schließt. Jedes Kind sollte bequem an den Rücken seiner Vordermannes heranreichen können.

b) Die Paare suchen sich jeweils einen Platz im Raum. Ein Kind legt sich bäuchlings auf die Decke (und schließt evtl. die Augen), das andere kniet seitlich daneben auf einem Kissen.
Die Erzieherin trägt nun ruhig und langsam folgenden Text vor, während die Kinder diesen auf dem Rücken ihres Vordermannes / ihres Partners entsprechend umsetzen:

Text:	**Vorschläge zur praktischen Umsetzung:**
• Zunächst säubern wir den Arbeitstisch.	→ mit den flachen Händen von oben bis unten über den Rücken streichen
• Nun streuen wir Mehl mitten auf den Tisch.	→ mit den flachen Händen leicht auf der Rückenmitte „trippeln“
• In die Mitte des Mehls machen wir eine kleine Kuhle.	→ mit den Fingerspitzen auf der Rückenmitte einen kleinen Kreis „zeichnen“
• Dann bröseln wir die Hefe hinein, …	→ mit flach gehaltenen Fingern auf der Mitte des Rückens „trippeln“
• geben etwas Salz hinzu …	→ mit den Fingerspitzen „trippeln“
• und etwas Milch.	→ mit der flachen Hand über dem Rücken hin- und herfahren
• Nun fehlt noch das Ei.	→ mit den Fingerspitzen beider Hände den Rücken berühren, dann die Hände flach auflegen und langsam seitlich über den Rücken wegziehen
• Nun wird alles mit den Händen geknetet: erst ganz vorsichtig, weil das Mehl staubt, …	→ den Rücken leicht „kneten“
• dann etwas fester. So werden die Zutaten schön durchgemischt.	→ mit etwas mehr Druck „kneten“
• Dann können wir den Teig mit der Teigrolle ausrollen.	→ mit den flachen Händen über den kompletten Rücken streichen: vom Nacken bis zum Po-Ansatz
• Mit einem Pinsel bestreichen wir nun den flachen Teig mit Tomatenmark.	→ mit den Fingerkuppen auf dem ganzen Rücken auf und ab streichen
• Jetzt wird die Pizza belegt: mit Tomatenscheiben, …	→ Fingerkuppen mehrmals auf dem Rücken absetzen
• mit Schinkenscheiben, …	→ die flache Hand an mehreren Stellen aufdrücken
• mit …* s. u.	→ …
• Zum Schluss streuen wir geriebenen Käse über die gesamte Pizza.	→ mit den Fingerkuppen über den gesamten Rücken „trippeln“
• Dann geht es ab in den Backofen. Hier backt die Pizza bei sehr warmen Temperaturen.	→ mit den flachen Händen (evtl. mit den ganzen Unterarmen) und etwas Nachdruck über den Rücken streichen

* An dieser Stelle kann man jeweils die Kinder, die massiert werden, fragen, welchen Belag sie noch gern auf der Pizza hätten.

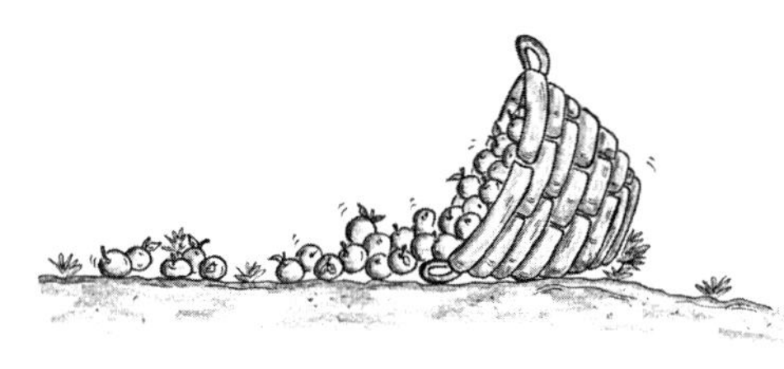

Ein merkwürdiger Baum, oder? (ab 4 Jahren)

Male alles an, was nicht zu diesem Baum gehört.

BVK • Maggie Jung: Kita aktiv „Projektmappe Ernährung“

Welche Farben haben die Nahrungsmittel? **(ab 4 Jahren)**

Verbinde die einzelnen Nahrungsmittel mit dem richtigen Farbpinsel.

Male sie anschließend farbig an.

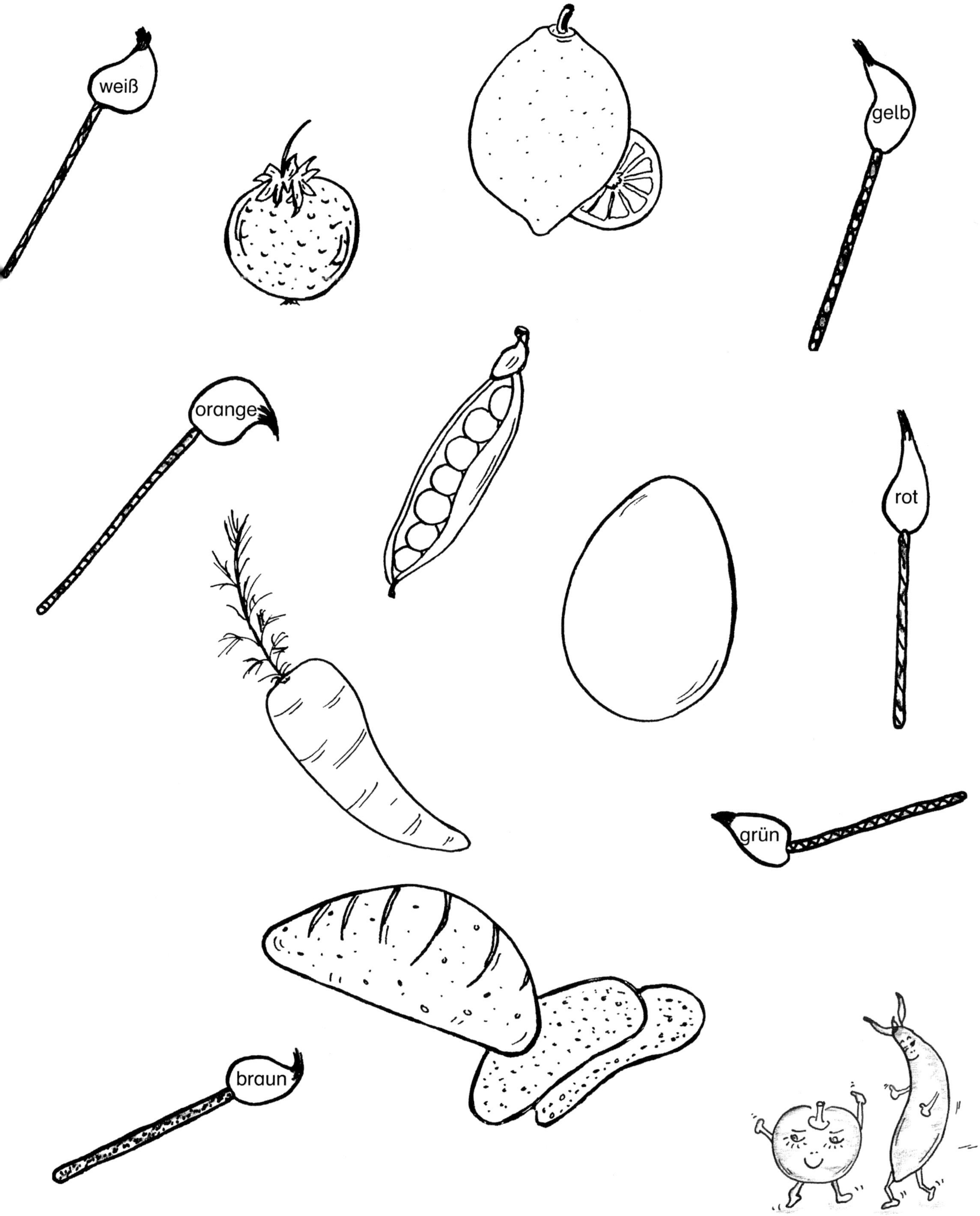

weiß

gelb

orange

rot

grün

braun

Auf die Plätze – hier geht's um die Wurst! (1) (ab 4 Jahren)

Hinweis:
Für die Durchführung der folgenden Spiele braucht man eine Turnhalle (oder einen anderen großen Raum) und diverse Materialien, die in gut ausgestatteten Turnhallen zu finden sind. Die Spiele sind geeignet für den Einsatz in den Turnstunden, während eines Festes (s. S. 62–64) oder zur Auflockerung des Kindergartenalltags zwischendurch (z. B. nach einer Bastelaktion, die längeres Sitzen erfordert hat). Alle Spiele beziehen sich auf eine größere Teilnehmerzahl (Gruppenstärke eines Kindergartens).

Wenn der Obstdieb kommt ...!

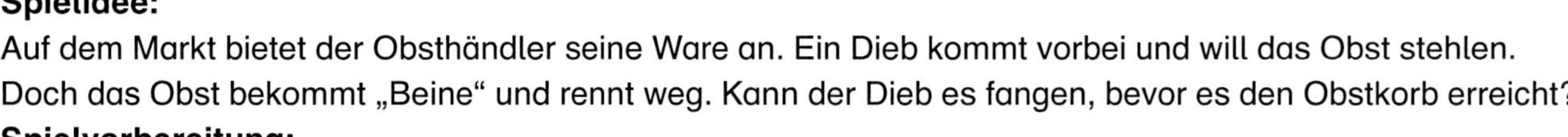

Material:
5 Matten, 1 Bank
Spielidee:
Auf dem Markt bietet der Obsthändler seine Ware an. Ein Dieb kommt vorbei und will das Obst stehlen. Doch das Obst bekommt „Beine" und rennt weg. Kann der Dieb es fangen, bevor es den Obstkorb erreicht?
Spielvorbereitung:
Ein Kind wird als „Obsthändler" bestimmt, fünf Kinder als „Obst", ein Kind als „Dieb". Das „Obst" stellt sich in einer Reihe nebeneinander an der einen Stirnwand der Turnhalle auf. An der anderen Stirnwand legt man fünf Matten („Obstkörbe") nebeneinander aus. An einer Seite im Raum steht eine Bank.
Spielverlauf:
Der „Obsthändler" flüstert den fünf Kindern, die das Obst darstellen, je eine Obstsorte ins Ohr. Der Dieb stellt sich vor ein beliebiges Kind und versucht, die Obstsorte zu erraten. Liegt er richtig, so rennt das entsprechende „Obst" ohne Vorwarnung los und versucht, einen „Obstkorb" (Matte an der anderen Seite des Raumes) zu erreichen. Der „Obsthändler" kann sein „Obst" anfeuern. Erreicht das „Obst" einen der Körbe, ist es in Sicherheit. Fängt der „Dieb" das „Obst", setzt es sich auf die Bank.
Variante:
Das gefangene „Obst" erstarrt an Ort und Stelle und kann nur durch den „Obsthändler" (durch Abklatschen) erlöst werden und weiter in Richtung Körbe rennen. Jedoch begibt sich der „Obsthändler" bei dieser Aktion auch selbst in Gefahr: Wird er vom Dieb festgehalten, kann er bereits gefangenes „Obst" nicht mehr durch Abklatschen retten.
Spielende:
Wer hat am Ende mehr Obst: der Dieb oder der Obsthändler?

Hier geht's um die Wurst!

Material:
1 Langbank, 1 Matte, 1 Holzreifen, „Würstchen" (z. B. Schwimmnudeln, bunte Tücher, Holzkeulen oder andere gut tragbare Gegenstände, die vorhanden sind)
Spielidee:
Tante Erna will zu Besuch kommen. Da müssen noch Würstchen her! Schon rennen die Köche los ...
Spielvorbereitung:
Die Kinder werden in zwei Gruppen aufgeteilt: in „Kochgruppe Alfons" und „Kochgruppe Heribert". Die Teilnehmer der Gruppen stellen sich jeweils hintereinander auf. Am anderen Ende des Raumes liegen pro Gruppe so viele „Würstchen", wie Kinder in der Gruppe sind. Der „Weg" zu den „Würstchen" wird jeweils ausgestattet mit einer auf der Sitzfläche liegenden Langbank, einer Matte und einem Holzreifen.
Spielverlauf:
Auf „Los!" startet jeweils das erste Kind beider Gruppen, balanciert über die Langbank, schlägt auf der Matte einen Purzelbaum, hüpft in den Holzreifen und wieder heraus, schnappt sich eine „Wurst" und rennt mit dieser am „Weg" entlang zurück (nun ohne die Geräte zu benutzen). Hat das nachfolgende Kind der Gruppe die „Wurst" berührt, darf es als Nächstes starten.
Spielende:
Welche Gruppe hat zuerst alle Würstchen herbeigeschafft und kann Tante Erna bekochen?

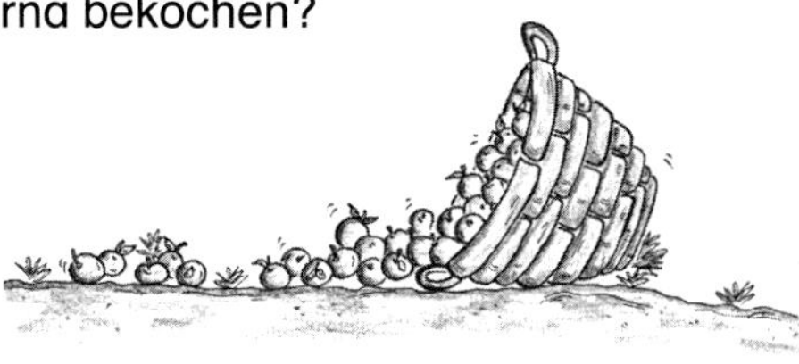

BVK • Maggie Jung: Kita aktiv „Projektmappe Ernährung"

Auf die Plätze – hier geht's um die Wurst! (2) (ab 4 Jahren)

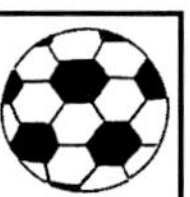

Die Ernte geht los!

Material:
4 Matten, 4 Tücher (in Rot, Gelb, Blau, Grün), 4 Holzkisten (z. B. leere Turnmaterialienkisten), kleine Bälle (rote, gelbe, blaue, grüne, 20 – 30 Stück pro Farbe, z. B. aus einem Bällchenbad), pro Kind 1 Armbinde (in der jeweiligen Farbe)

Spielidee:
Die Gärtner wollen reife Kürbisse ernten. Doch werden sie immer wieder vom Unwetter überrascht.

Spielvorbereitung:
Alle Kinder werden in vier „Gärtner"-Gruppen (Rot, Gelb, Blau, Grün) aufgeteilt. In jeder Ecke des Raumes wird je eine Matte deponiert („Schuppen"), die auch farbig gekennzeichnet werden kann (z. B. mit Hilfe der Tücher). Neben jeder Matte befindet sich eine Holzkiste. Mitten im Raum werden kleine Bälle in den Farben Rot, Gelb, Blau, Grün verteilt. Zur besseren Übersicht erhält jedes Kind eine Armbinde in der Farbe seiner „Gärtner"-Gruppe. Vor dem Start stellen sich alle „Gärtner" in den jeweiligen „Schuppen".

Spielverlauf:
Die Spielzeit muss vorher festgelegt werden, zum Beispiel fünf Minuten. Der Spielleiter (Erzieherin oder ein Kind) ruft: „Die Ernte geht los!" Die „Gärtner" versuchen, so viele „Kürbisse" wie möglich zu ernten (Bälle der eigenen Gruppenfarbe einsammeln) und sie in den „Erntekorb" am „Schuppen" zu bringen. Ruft der Spielleiter „Achtung! Unwetter!" müssen alle „Gärtner" sofort das Ernten einstellen, sich so schnell wie möglich in ihrem „Schuppen" unterstellen und dort verharren, bis gerufen wird: „Unwetter vorbei!" Stellt sich ein „Gärtner" im falschen „Schuppen" unter oder erntet jemand trotz des Unwetters weiter, bekommt die Gruppe Strafpunkte und muss vier „Kürbisse" aus dem „Erntekorb" werfen.

Spielende:
Welche Gärtnergruppe hat am Ende die meisten oder als Erstes alle Kürbisse geerntet?

Tante Ernas Geschenke für die Küche

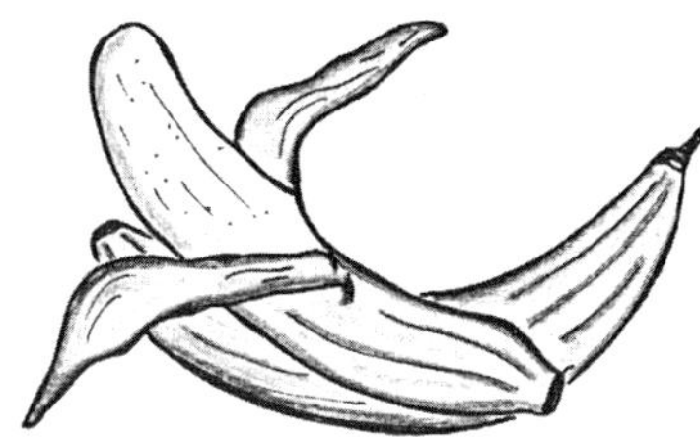

Spielidee:
Ja, ja, die Tante Erna! Die hat schon ulkige Geschenkideen!
Ein Schaukelstuhl für die Küche? – Damit das Kochen entspannter ist!
Ein Fahrrad für den Koch? – Klar, so läuft's in der Küche schneller!
Na, da kommt Freude auf!

Spielverlauf:
Alle Mitspieler sitzen auf Stühlen im Kreis. Ein Kind beginnt und sagt: „Tante Erna war zu Besuch und hat Bananen mitgebracht." Pantomimisch stellen alle Kinder im Kreis dar, wie sie in eine Banane beißen. Das Nachbarkind wiederholt den ersten Satz und fügt ein weiteres Mitbringsel von Tante Erna hinzu: „Tante Erna war zu Besuch und hat Bananen mitgebracht ... und einen Kochtopf mit Löffel."
Alle Kinder halten pantomimisch das Bananenessen bei und rühren gleichzeitig mit der anderen Hand im Kochtopf. Das nächste Kind wiederholt beide Sätze und fügt zum Beispiel hinzu „ ... und einen Schaukelstuhl für die Küche." Unter Beibehaltung der ersten beiden pantomimischen Bewegungen wird nun zusätzlich von allen Kindern das Schaukeln im Schaukelstuhl dargestellt.

Hinweis:
Die Erzieherin sollte sich vor Beginn des Spiels Ideen zurechtlegen, um den Kindern ggf. Impulse geben zu können. Weitere Mitbringsel von Tante Erna könnten sein: ein Ventilator (Pusten mit dem Mund), eine Küchenmaschine, die mit dem Fuß bedient wird (mit den Zehen des rechten Fußes auf den Boden tippen), ein Radio (Kopf wippt zur Musik) ...

Spieldauer:
Das Ganze geht so lange weiter, bis das Spiel in Chaos und Gelächter übergeht.

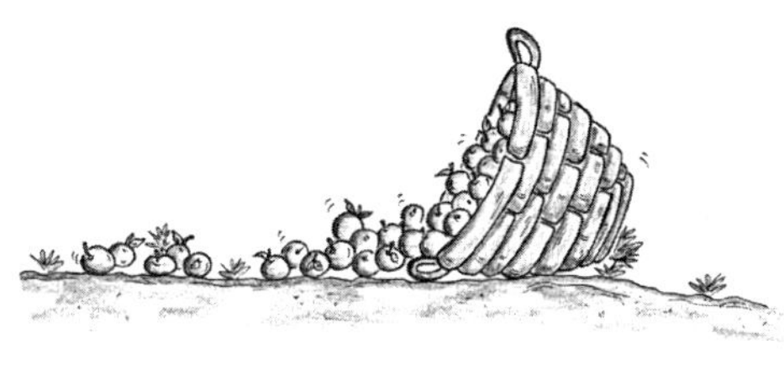

Apfelbäumchen, wachse! (ab 4 Jahren)

Hinweis zur Bewegungsmediation:
Es wird ein großer Raum benötigt (evtl. Turnhalle), in dem eine ruhige Atmosphäre herrscht. Jedes Kind sucht sich einen Platz, an dem es sich wohlfühlt und genügend Bewegungsfreiheit hat. Es empfiehlt sich, leise Musik laufen zu lassen, zum Beispiel „Love Duet" (Movement IV) aus „Standing Stone" von Paul McCartney (s. „Medientipps", S. 8).
Die Erzieherin hält sich dezent im Hintergrund und liest den Text vor. Sind die Kinder noch unsicher oder haben kaum Erfahrung mit ähnlichen Angeboten, kann die Erzieherin die Bewegungen vorgeben bzw. mitmachen.
Zwischen den einzelnen Textabschnitten sollte stets eine längere Pause eingelegt werden, damit die Kinder genügend Zeit zur Entfaltung haben.

Diesen Text spricht die Erzieherin:	**Mögliche Bewegungsabläufe (Vorschläge):**
Ich bin ein kleiner, winziger Apfelkern, der in den Garten gepflanzt worden ist.	*Die Kinder hocken auf dem Boden und umklammern mit ihren Armen die Beine. Der Kopf liegt auf den Knien.*
Die Erde ist schön weich, aber noch kalt.	*Mit dem gesamten Körper zittern.*
Allmählich spüre ich die ersten Sonnenstrahlen. Sie wärmen die Erde. Auch mir wird wohlig warm.	*Die Hände streicheln über Knie, Beine und Arme.*
Ich beginne, mich in der Erde zu bewegen. Ich will wachsen!	*Mit dem ganzen Körper hin- und herschaukeln.*
Langsam bahne ich mir einen Weg durch die dunkle Erde nach oben. Ich kann die Sonnenstrahlen jetzt noch besser spüren.	*Die Ellenbogen aneinanderlegen und mit den Armen senkrecht nach oben recken.*
Jetzt bin ich draußen! Ich kann das Licht sehen. Ich wachse und wachse.	*Der Körper richtet sich langsam auf, der Hals streckt sich, der Blick geht zur Decke.*
Meine Äste bilden sich aus und recken sich der Sonne entgegen. Auch Blätter beginnen zu wachsen und rascheln im Wind.	*Beide Arme mehrmals zu allen Seiten ausstrecken und auf- und abbewegen, dabei mit den Fingern wackeln.*
Der Stamm wird kräftiger und kräftiger und wiegt sich im Wind.	*Mit ausgestreckten Armen und dem gesamten Körper hin- und herwiegen.*
An meinen Ästen bilden sich neue Apfelblüten. Darüber freue ich mich so sehr, dass ich beginne, wild zu tanzen.	*Frei im Raum umhertanzen.*

BVK • Maggie Jung: Kita aktiv „Projektmappe Ernährung"

Hier ist was in Bewegung! (ab 5 Jahren)

TV-Koch-Show

Material:
1 „Fernseher“ (z. B. ein großer, alter Bilderrahmen, ein entsprechend präparierter Karton oder die Bühne eines Kasperletheaters)
Spielidee:
Auf dem Kanal „Koch & Co“ werden wieder einmal die tollsten Rezepte präsentiert – und alle kochen mit!
Spielverlauf:
Ein Kind ist der „Fernsehkoch“ und setzt sich hinter einen „Fernseher“. Die anderen Kinder sitzen in einer Stuhlreihe (oder im Halbkreis). Der „Fernsehkoch“ beschreibt (nur verbal) das neueste Rezept: „Ich nehme zwei Äpfel, wasche und schäle sie. Dann schneide …“ – Alle „Zuschauer“ versuchen mitzukochen, indem sie die dazugehörigen pantomimischen Bewegungen machen.
Tipp:
Es können auch jeweils zwei oder drei Kinder „Köche“ sein, die sich Satz für Satz abwechseln.
Variante:
Der „Fernsehkoch“ präsentiert ein Rezept, indem er die pantomimischen Bewegungen dazu macht, sich aber verbal nicht äußert. Nach und nach versuchen die „Zuschauer“ zu erraten, was er macht: „Obst waschen, schälen, schneiden …“
Spieldauer:
... bis alle Kinder einmal Koch gewesen sind.

Ich schüttle meinen Obstbaum!

Spielidee:
Das Obst ist reif und soll geerntet werden. Lasst uns die Bäume schütteln!
Spielverlauf:
Im Stuhlkreis befindet sich ein Stuhl weniger als die Gesamtanzahl der Mitspieler. Ein Kind (das ohne Stuhl) steht in der Kreismitte und ruft: „Ich schüttle meinen Obstbaum, in den Korb fallen … Äpfel (… Birnen … Pflaumen …).“ Alle Kinder – einschließlich das Kind aus der Mitte – versuchen, so schnell wie möglich einen anderen Stuhl zu ergattern. (Es ist nicht erlaubt, sich auf den Platz eines direkten Nachbarn zu setzen!) Ruft das Kind in der Mitte: „Ich schüttle meinen Obstbaum, in den Korb fällt … nur ein Traum!“, so erheben sich die Kinder lediglich kurz von ihren Stühlen und setzen sich wieder auf die eigenen Plätze. Ruft das Kind in der Mitte jedoch: „Ich schüttle meinen Obstbaum, in den Korb fallen … Kürbisse!“ – also ein Lebensmittel, das nicht zur Kategorie „Obst“ gehört – so müssen alle Kinder auf ihren Plätzen sitzen bleiben. Das erste Kind, das einen Fehler begeht, löst den „Baumschüttler“ in der Kreismitte ab.
Spieldauer:
Es kann so lange gespielt werden, bis alle Kinder einmal „Baumschüttler“ waren.

Honigallee, Eisstraße und Eierweg

Spielidee:
Stellt euch vor, der Weg zum Kindergarten besteht nur aus Honig oder Eis oder Eiern oder … Wie wäre das?
Spielverlauf:
Ein Kind ruft: „Honigallee!“ Alle bewegen sich im Raum fort, als ob sie auf einer Straße gehen, die über und über mit Honig bedeckt ist (zähe, langsame Bewegungen). Bei der „Eisstraße“ sieht die Fortbewegung entsprechend anders aus (rutschend, schlitternd). Und wie bewegt man sich auf Eiern fort?
Spieldauer:
Solange den Kindern eine Lebensmittelallee, eine -straße oder ein -weg einfällt!

Kleine Spiele am Tisch (von 3 bis 5 Jahren)

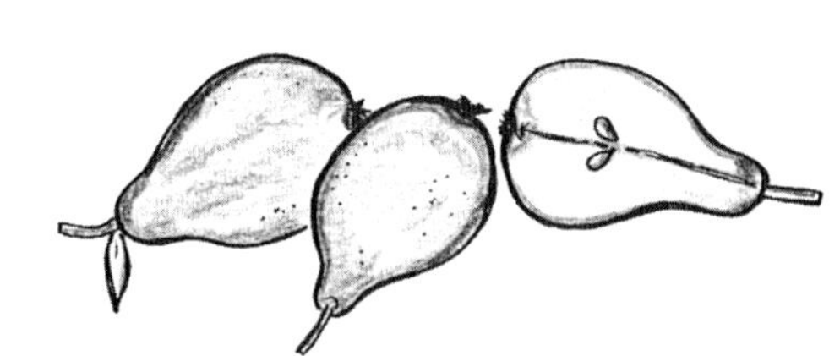

Birnen hängen an dem Baum

Material:

Tonpapier (können auch Reste sein), Stifte, Schere

Spielvorbereitung:

Auf das Tonpapier zeichnet die Erzieherin pro Mitspieler fünf Kreise mit ca. 2–3 cm Durchmesser. Diese werden von den Kindern (und der Erzieherin) ausgeschnitten und mit einfachen traurigen Gesichtern versehen (Smileys mit herabgezogenen Mundwinkeln).

Spielverlauf:

Die Kinder sitzen um den Tisch herum und legen ihre Hände flach auf die Tischplatte. Ein Kind spielt den Ansager und streckt bei *jedem* Satz, den es ruft, beide Arme in die Höhe. So ruft es zum Beispiel sinnvolle Sätze wie: *„Birnen* hängen am Baum!“ oder Quatsch-Sätze wie: *„Salzstangen* hängen am Baum!“ (Es sollte sich immer um Lebensmittel handeln.) Ergibt der gerufene Satz einen Sinn, strecken alle anderen Kinder ebenfalls, so schnell es geht, ihre Arme in die Höhe. Ruft der Ansager aber einen Quatsch-Satz, so lassen die Kinder ihre Arme unten. Da der Ansager ja bei *jedem* seiner Sätze selbst die Arme hebt, werden die Kinder schnell irregeführt und müssen sehr aufmerksam sein. Die Kinder, die bei einem Quatsch-Satz versehentlich die Arme heben sowie Kinder, die bei einem sinnvollen Satz als Letzte oder gar nicht die Arme heben, erhalten einen Smiley mit herabgezogenen Mundwinkeln. Wer nach einer Spielrunde (die Dauer muss vorher festgelegt werden, z. B. 5–10 Sätze) die wenigsten Strafpunkte hat, darf der nächste Ansager sein. Nach jeder Runde können die Strafpunkte wieder eingesammelt werden, da ansonsten Kinder mit (mehreren) Strafpunkten kaum eine Chance erhalten, einmal Ansager zu sein.

Haselnüsse rollen

Material:

1 DIN-A2-Blatt, Lineal, Stift, Haselnüsse (alternativ auch Walnüsse), Notizzettel mit den Namen aller mitspielenden Kinder

Spielvorbereitung:

Auf das Blatt wird ein Raster gezeichnet (Kästchen ca. 4 x 4 cm, bei Walnüssen entsprechend größer).

Spielverlauf:

Das Blatt mit dem Raster liegt auf dem Tisch (oder auf dem Fußboden). Die Kinder stehen (oder sitzen) darum. Alle Mitspieler erhalten fünf Nüsse und dürfen nacheinander (!) ihr Glück versuchen: Die Nüsse sollen so über das Raster gerollt werden, dass sie **in** einem der Kästchen zum Stillstand kommen. Die Erzieherin malt für jede Nuss, die keine Linie berührt, eine solche unterhalb des jeweiligen Kindernamens auf. (Manche Kinder können Namenschriftbilder bereits erkennen. Dann kann auch ein Kind diese Aufgabe übernehmen.) Wer nach einer Spielrunde (wenn alle Kinder an der Reihe waren), die meisten Punkte hat, erhält die Nüsse von allen anderen. Gibt es einen Punkte-Gleichstand, teilen sich die Kinder die Nüsse. Wer nach drei bis fünf Runden (vorher festlegen!) die meisten Haselnüsse hat, ist Sieger.

Hexenküche

Material:

für alle Mitspieler je 1 Blatt und je 1 Stift

Spielverlauf:

Ein Kind ist die Hexe oder der Hexenmeister. Alle anderen Mitspieler haben ein Blatt und einen Stift vor sich liegen. Die Hexe ruft nun: „Hexenküche 1-2-3, hext mir doch ein Brot (oder: ... eine Lakritzschnecke ... einen Apfel ...) herbei!“ Sofort beginnen die anderen Kinder, das Gewünschte zu zeichnen (einfache Strichzeichnung). Währenddessen spricht die Hexe weiter: „Hexenküche 1-2-3, die Hexerei ist nun vorbei!“ Nach dem Wort „vorbei“ müssen alle Zeichner ihre Stifte sofort hinlegen. Das Kind, das fertiggeworden ist (bzw. die schönste Zeichnung hat/das Gewünschte am deutlichsten zu Papier gebracht hat), darf sich bequem zurücklehnen und den anderen zuschauen. Ist die Runde beendet (z. B. nach 5 Hexenwünschen), wird eine neue Hexe/ein neuer Hexenmeister bestimmt.

BVK • Maggie Jung: Kita aktiv „Projektmappe Ernährung“

Wo bleibt mein Kuchen? –
Eine Geschichte über das Helfen (1) (ab 5 Jahren)

Material:
Geschichte (s. u.), Kopiervorlage zu "Wo bleibt mein Kuchen?" (S.83)

Hinweis:
Das Vorlesen der Geschichte kann wahlweise an einer oder mehreren Stellen unterbrochen werden. Es bietet sich an, ein impulsgesteuertes Kreisgespräch zu führen und / oder die Kinder an diesen Stellen malen zu lassen. Impulsanregungen finden Sie an den entsprechenden Stellen.

Geschichte:
Kalle besucht seine Großmutter. Er besucht sie gern, denn er mag Großmutter sehr. Er liebt es, mit ihr zu plaudern und Spiele zu spielen. Auch Großmutter freut sich, wenn Kalle sie besucht. Immer hält sie für ihn einen frisch gebackenen Kuchen bereit, und das ganze Haus duftet danach. Großmutter ist die beste Kuchenbäckerin der Welt. Und Kalle ist der größte Kuchenesser der Welt.
Doch als Kalle heute Großmutters Haus betritt, duftet es nicht! Und auf dem Tisch steht kein Kuchen! „Ach, Kalle! Wie gut, dass du schon da bist! Ich bin noch nicht zum Kuchenbacken gekommen“, sagt Großmutter. „Weißt du was? Lass uns den Kuchenteig doch gemeinsam zubereiten, dann werden wir schneller mit dem Backen fertig und wir haben mehr Zeit zum Plaudern und zum Spiele spielen!“ Doch Kalle zuckt nur die Achseln. Zum Arbeiten ist er ja eigentlich nicht gekommen. Großmutter weiß doch, dass er sich immer auf den fertigen Kuchen freut! Kalle ist sauer. Er tut einfach so, als habe er nicht zugehört, und schaut zum Fenster hinaus.
Großmutter holt das Mehl und schüttet es in die Schüssel. Sie gibt eine Prise Salz hinzu, Zucker, süße Gewürze und Schokoladenstücke. *Hm, mein Lieblingskuchen!,* denkt Kalle und seine Augen glänzen. „Mir fällt ein, dass ich gar keine Eier mehr im Haus habe“, sagt Großmutter plötzlich. Dann lächelt sie. „Aber die Hennen haben bestimmt Eier gelegt. Kalle, lauf doch in den Hühnerstall im Garten und sammle dort bitte die Eier ein!“ Langsam trottet Kalle los. Doch bis zum Hühnerstall geht er nicht. „Das ist mir viel zu weit“, meckert er leise vor sich hin, sodass Großmutter es nicht hören kann. „Und außerdem könnten mich die Hühner mit ihren Schnäbeln ins Bein pieksen! Nein, nein, das lass ich lieber!“ Als er ohne Eier zurück in die Küche kommt, schaut Großmutter ihn fragend an. „Ich habe das Tor nicht aufbekommen!“, lügt Kalle. Schnell senkt er den Kopf, damit die Großmutter sein rotes Gesicht nicht sieht. Kalle bekommt immer einen roten Kopf, wenn er lügt. Er schämt sich ein wenig. Großmutter seufzt. „Nun gut, Kalle, dann muss ich wohl selbst gehen und Eier holen.“ Es dauert lange, bis Großmutter mit den Eiern zurück ist, denn sie kann nicht mehr so schnell laufen wie Kalle. Ungeduldig rutscht Kalle auf seinem Stuhl hin und her. „Wann ist der Kuchen endlich fertig?“, fragt er. „Noch lange nicht“, sagt Großmutter und fährt sich mit der Hand an die Stirn. „Oje! Ich habe auch keine Milch im Haus! Kalle, lauf doch schnell um die Ecke zum kleinen Laden und kaufe einen Liter Milch!“ „Aber ...“, beginnt Kalle, „ich kann nicht so weit laufen. Ich habe mir gestern beim Turnen den Fuß verletzt.“ Schon wieder hat Kalle gelogen! Schon wieder läuft sein Gesicht rot an. Und Kalle schämt sich diesmal noch mehr als vorhin. Großmutter zieht die Backschürze aus und hängt sie an einen Haken. „Dann muss ich wohl selbst gehen und Milch kaufen“, sagt sie leise und verschwindet. Diesmal dauert es noch länger, bis Großmutter endlich zurück ist, denn der Weg zum Laden ist für sie viel beschwerlicher als für Kalle. Noch immer sitzt Kalle auf seinem Stuhl, und er rutscht noch ungeduldiger darauf herum als bisher. Wortlos gibt Großmutter Eier und Milch in die Schüssel und beginnt, den Teig zu rühren. Kalle blinzelt zu ihr hinüber. „Puh!“, stöhnt Großmutter. „Ich bin müde vom Rühren. Kalle, hilf mir doch bitte!“ Kalle ist entsetzt: *Nun reicht's aber!,* denkt er. „Ich ... ähm ...“, beginnt er zu stottern, „... mich hat vorgestern jemand auf den Arm geboxt und deswegen ...“ „Schon gut, ich verstehe!“, unterbricht ihn Großmutter. Schnell dreht sich Kalle zur Seite.

Wo bleibt mein Kuchen? – Eine Geschichte über das Helfen (2) (ab 5 Jahren)

Ein drittes Mal hat er gelogen! Sein Kopf ist so rot wie eine Tomate. Er schämt sich sehr! „Dann muss ich wohl selbst weiterrühren“, hört er Großmutter sagen. Es dauert fast unendlich lange, bis Großmutter den Teig fertig gerührt hat. Sie ist nämlich nicht mehr so kräftig wie Kalle und hat einige Pausen einlegen müssen. *Endlich!,* denkt Kalle, als Großmutter wortlos den Teig in eine runde Kuchenform füllt und sie in den heißen Backofen schiebt. Nun ist Kalle zufrieden. „Ich geh noch was nach draußen spielen!“ Er springt von seinem Stuhl auf und rennt zur Haustür hinaus.
„Aber – wer deckt den Tisch?“, murmelt Großmutter leise, denn sie weiß, dass Kalle sie nicht mehr hört. Großmutter schüttelt den Kopf. Dann deckt sie den Tisch. Sie setzt sich auf die Küchenbank und ruht sich eine Weile aus. Als der Kuchen fertig gebacken ist, nimmt sie ihn vorsichtig aus dem Ofen heraus, löst ihn aus der Form, stülpt ihn auf einen Teller und schneidet ihn sorgfältig in Stücke.
Kalle riecht draußen den Kuchenduft. *Jetzt nichts wie rein!,* denkt er und stürmt in die Küche. Aber – was ist hier los? Kalle ist verdutzt!

1. Warum könnte Kalle so verdutzt sein?
   Impuls: Kalle entdeckt, dass etwas auf dem gedeckten Tisch fehlt.
   (Tipp: Der Kuchen ist es nicht.) Was könnte es sein?

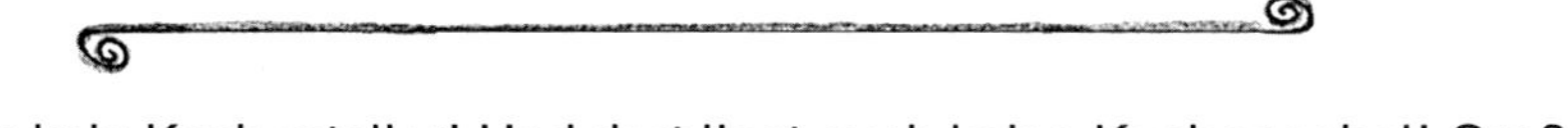

An seinem Platz steht gar kein Kuchenteller! Und dort liegt auch keine Kuchengabel! Großmutter sitzt an ihrem Platz. Vor ihr steht ein Teller, daneben liegt eine Kuchengabel. Und auf ihrem Teller liegt ein dickes Stück Schokoladenkuchen. Kalle räuspert sich. „Großmutter!“, sagt er entsetzt. **„Wo bleibt mein Kuchen?“**

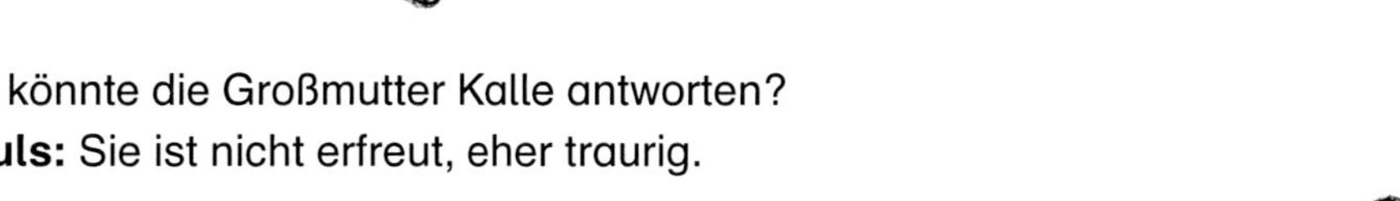

2. Was könnte die Großmutter Kalle antworten?
   Impuls: Sie ist nicht erfreut, eher traurig.

Großmutter kaut genüsslich zu Ende, schaut Kalle an und sagt mit ruhiger Stimme: „Mein lieber Kalle! Ich habe dich gebeten, im Hühnerstall Eier einzusammeln. Das hast du nicht getan, da habe ich sie selbst eingesammelt. Dann habe ich dich gebeten, im Laden um die Ecke Milch zu kaufen. Das hast du auch nicht getan, also bin ich selbst losgegangen, um sie zu kaufen. Auch habe ich dich gebeten, mir beim Rühren des Teigs zu helfen. Aber auch das hast du nicht getan, und so habe ich ihn selbst gerührt. Ich habe den Teig selbst in die Form gefüllt. Ich habe selbst aufgepasst, dass der Kuchen im Ofen nicht anbrennt. Ich habe selbst den Tisch gedeckt. Und nun werde ich auch den ganzen Kuchen selbst essen!“ Kalle beginnt zu verstehen, und dicke Tränen kullern ihm über das Gesicht.

3. Warum will die Großmutter den ganzen Kuchen selbst essen?

4. Was beginnt Kalle zu verstehen?
   Impuls: Was hat Kalle falsch gemacht? – Was hätte Kalle besser machen können?

5. Was kann Kalle tun, um sich mit Großmutter wieder zu versöhnen?
   Malt ein Bild dazu! (s. Kopiervorlage „Wo bleibt mein Kuchen?“, S. 83)

6. Spielt die Geschichte als Rollenspiel:
   a) So, wie ihr sie gehört und noch in Erinnerung habt.
   b) So, wie sich Kalle eurer Meinung nach besser verhalten hätte.

BVK • Maggie Jung: Kita aktiv „Projektmappe Ernährung“

Kopiervorlage zu „Wo bleibt mein Kuchen?“

Wir werden gebraucht – Aktionen für „zwischendurch“ (von 3 bis 5 Jahren)

Einmalige oder längerfristig angelegte Aktionen:

1. Junge Einkaufshelfer

Sicherlich gibt es im Ort oder in der direkten Nachbarschaft (des Kindergartens) ältere Menschen, die sich über junge Einkaufshelfer freuen würden.

2. Fleißige Gärtner

Gerade in ländlicher Umgebung besitzen viele ältere Menschen noch einen Nutz- oder Ziergarten, den sie jedoch aufgrund ihres Alters nicht mehr (allein) bewältigt bekommen.

3. Eifrige Köche

Ältere Menschen im Altersheim freuen sich meist über junge Besucher, und wenn sie dann noch bekocht werden, umso mehr. Anbieten würde sich hier zum Beispiel das (gemeinsame) Zubereiten eines Obstsalates, den man anschließend zusammen bei einer netten Gesprächsrunde verzehrt. Selbstverständlich helfen die eifrigen Köche anschließend auch beim Säubern von Geschirr und Kochbereich.

Bei allen drei obigen Aktionen ist es wichtig, im Vorfeld zu klären, ob die Aktion einmalig stattfindet (z. B. das Erledigen eines Einkaufs für einen vorübergehend kranken Menschen) oder längerfristig angelegt werden soll (z. B. regelmäßiges Gärtnern für Menschen, die dazu selbst gar nicht mehr in der Lage sind). Bei Letzterem muss unbedingt darauf geachtet werden, dass die entsprechende Aufgabe auch auf Dauer zu leisten ist. Folgende Punkte sollten geklärt werden:

- Wie viele Kinder(-gruppen) können diese Aufgabe leisten? (Personelle Situation der Einrichtung beachten!)
- Können wir Unterstützung von „außen“ (z. B. von Eltern) erhalten?
- Sind wir in der Lage, einen oder mehrere „Aufträge“ anzunehmen?
- Wie oft soll eingekauft (gegärtnert, besucht) werden (z. B. einmal monatlich)?
- Können wir (einzelne Kindergruppen) uns bei der Aktion abwechseln (z. B. Gruppe A im September, Gruppe B im Oktober usw.)?
- Weitere Einzelheiten müssen mit der älteren Dame / dem älteren Herrn abgesprochen werden.

Einmalige oder wiederkehrende Aktionen:

Sammeln für die „Tafel“

Sogenannte „Tafeln“ für Menschen, die nur wenig Mittel haben, um sich etwas zu essen kaufen zu können, sind mittlerweile recht verbreitet. Mit den Kindern kann gemeinsam überlegt werden, welche Lebensmittel sie von zu Hause mitbringen können. Die Vorschläge werden von den Kindern auf kleine Kärtchen oder Zettel aufgemalt, um diese dann – evtl. gemeinsam mit einem Elternbrief – zu verteilen. Eine Kleingruppe bringt die mitgebrachten Lebensmittel dann zur „Tafel“ (s. hierzu auch Hinweise unter „Medientipps“, S. 8).

Schuhkarton packen

In vielen Gemeinden findet in der Fastenzeit, in der Advents- oder Weihnachtszeit eine Aktion „Schuhkarton packen“ statt. Hierbei werden an Bedürftige schön bepackte Kartons ausgeliefert. Bei einer solchen Aktion kann man sich anschließen. Es ist aber auch möglich, sich bei Wohltätigkeitsorganisationen zu erkundigen, ob sie eine eigene Schuhkarton-Aktion der Kita unterstützen würden. Für die Aktion benötigt man saubere Schuhkartons, die von den Kindern außen bunt beklebt (Geschenkpapierreste) werden und innen ebenso nett ausgelegt werden (Geschenkpapier, Küchenkrepp). Dann können die Kartons befüllt werden mit unverderblichen (!) Lebensmitteln und (bitte bei der entsprechenden Organisation erfragen) evtl. auch (gebrauchtem) Spielzeug. Anschließend kann der Karton mit Geschenkband nett verschnürt werden.

BVK • Maggie Jung: Kita aktiv „Projektmappe Ernährung“